Curso comunicativo
de español
para extranjeros

# Para empezar

## A

*Primera edición, 1984*
*Reimpresión, 1986*
*Reimpresión, 1987*
*Reimpresión, 1988*
*Reimpresión, 1989*

© Equipo Pragma
EDELSA - EDI-6
Ediciones Euro-Latinas, S. A.
Madrid, 1989

ISBN 84-85786-80-7 (obra completa)
ISBN 84-85786-78-5 (A)
Depósito legal:M. 30.652-1989

Printed in Spain - Impreso en España por
Gráficas Velasco, S. A. - Antonio de Cabezón, 13 - 28034 Madrid

**Curso comunicativo
de español
para extranjeros**

# Para empezar

## A

**Equipo Pragma:**
Ernesto Martín Peris
Lourdes Miquel López
Neus Sans Baulenas
Marta Topolevsky Bleger

**Diseño gráfico y portada:**
Viola & París

**Ilustraciones:**
Romeu
Mariel Soria
*(color: Amaya Unzurrunzaga y Manel Barceló)*

**Técnico de grabación:**
Joan Vidal

edelsa

edi 6
EDICIONES Y DISTRIBUCIONES EXCLUSIVAS
EDICIONES EURO-LATINAS, S. A.
General Oráa, 32
28006 MADRID

# PRÓLOGO

Uno de los ... definitivos en la metodología de la enseñanza de idiomas modernos es la concepción de la lengua como un instrumento y no como un fin en sí misma. Esta fue la base de lo que se ha considerado como la enseñanza *comunicativa*.

A la hora de elaborar un método de español para extranjeros, hemos asumido plenamente los presupuestos comunicativos, aunque no hemos querido olvidar aquellas aportaciones de la tradición metodológica que siguen siendo válidas y complementan tales presupuestos.

La especial complejidad de la morfosintaxis española hace poco viable la traslación inmediata de las experiencias nocional-funcionales realizadas en otros idiomas. Por ello, aunque también hemos realizado la definición de habilidades en términos de conducta observable, su materialización didáctica se ha hecho de acuerdo con una estrategia que viene condicionada por las propias exigencias estructurales del español.

Y de la misma forma que no es trasladable la experiencia didáctica de una lengua a otra, hemos creído esencial, desde el primer momento, partir de la indisociabilidad de la lengua con la cultura, entendida en el más amplio de los sentidos, de la que aquélla es expresión.

**Para empezar**, sin embargo, no es sólo el resultado de una reflexión teórica sobre la lengua y su enseñanza: todos sus materiales han sido sometidos a experimentación con grupos de alumnos de diversas procedencias lingüísticas y culturales, y cuyo interés por el español respondía también a motivaciones muy heterogéneas.

Para la estructuración de este libro se definieron siete grandes ámbitos temáticos, que creemos esenciales en la actividad comunicativa de un adulto. Hemos considerado oportuno repartir en dos ciclos cada ámbito para realizar una progresiva ampliación de contenidos al mismo tiempo que se reutilizan y consolidan los ya adquiridos.

Se pretende que, al finalizar los dos ciclos, el alumno pueda resolver las necesidades comunicativas básicas de un adulto que entra en contacto por primera vez con un país de habla española, superando ampliamente lo que se conoce como *"nivel de subsistencia"*, para llegar en el segundo de los libros que componen este *"Curso comunicativo"* a rebasar el *"nivel umbral"*.

**Equipo Pragma**
*Barcelona, julio de 1983*

| ÁREA TEMÁTICA | TÍTULO DE LA UNIDAD | SITUACIONES | SE DICE ASÍ. | ¡OJO! |
|---|---|---|---|---|
| **Datos personales y control de la comunicación.** | 1. Hola, ¿qué tal? | −Encuentros y primeros contactos. 1.1. y 1.3.<br>−En un hotel. 1.2. | −Saludos (formales e informales). (2.1.)<br>−Información personal: origen/nacionalidad, nombre, profesión y domicilio. (2.2.) −Fórmulas sociales: llamar la atención y disculparse. (2.3.) | −1ª, 2ª y 3ª p. del s. del pres. indic. de los verbos: ser, vivir, hablar, estudiar y llamarse. - Ser + nacionalidad, profesión y nombre propio. - Ser + de + origen. - Vivir + en + lugar. (4.1.) −¿Dónde?, ¿de dónde? y ¿cómo? (4.2.) −Abecedario. (4.3.) −Presencia/ausencia del pronombre sujeto. (4.4.) |
| **Referencias espaciales.** | 2. ¿Dónde están las llaves? | −En la calle. 1.1. y 1.5.<br>−En el interior de una vivienda. 1.2. y 1.4.<br>−En un bar. 1.3.<br>−En unas oficinas. 1.6. | −Existencia de objetos. (2.1.)<br>−Ubicación de objetos. (2.2.)<br>−Existencia de lugares. (2.3.)<br>−Ubicación de un piso. (2.4.)<br>−Ubicación de lugares. (2.5.)<br>−Secuencia. (2.6.) −Ignorancia. (2.7.)<br>−Información sobre sí mismo. (2.8.)<br>−Acuerdo. (2.9.) −Agradecimiento. (2.10.) | −Contraste tú/usted en los pres. indic. regulares e irregulares más frecuentes. Paradigma del pres. indic. de estar, tener, ir y venir. (4.1.) −Contraste tú/usted en el imperativo de perdonar, oir y mirar. (4.2.) −Hay: sintaxis. (4.3.) −Oposición está/hay. (4.4.) −Maneras de ordenar la frase con hay y está. (4.5.) −Un/uno/una: formas y sintaxis. (4.6.) −Ordinales: formas y sintaxis. (4.7.) −Contracción: al, del. (4.8.) |
| **Características, propiedades y valoración de objetos y servicios.** | 3. ¿Y a ti qué te parece? | −De compras. 1.1.<br>−El piso. 1.2. | −Expresión de gustos y preferencias: sorpresa/admiración/exclamación; agrado/desagrado y preferencia. (2.1.)<br>−Pedir lo que se quiere comprar. (2.2.)<br>−Preguntar si tienen lo que se quiere. (2.3.) −Identificación de objetos. (2.4.)<br>−Descripción de objetos. (2.5.) | −Gustar, parecer: formas, sintaxis y pron. enfáticos. (4.1.) −También/tampoco. (4.2.) −Muy/mucho: concordancia y sintaxis. (4.3.) −Pron. átonos de C.D.: formas y sintaxis. (4.4.) −Adj.: formación de fem. y pl. (4.5.) −Demostrativos: semántica y formas. (4.6.) −Pesos y medidas. (4.7.) −Cardinales: formación y concordancia. (4.8.) |
| **Hablar de otros.** | 4. ¿Quién es aquél del bigote? | −En una fiesta. 1.1.<br>−En la cola de un cine. 1.2.<br>−En un andén. 1.3. | −Presentación de otras personas. (formal e informal) (2.1.)<br>−Convenciones y fórmulas sociales: saludos y despedidas e interesarse por otras personas. (2.2.) −Hablar de otros: edad, aspecto externo y carácter. (2.3.)<br>−Identificación de alguien en un grupo. (2.4.) −Descripción de personas. (2.5.) −Identificación de personas. (2.6.) | −Posesivos de las tres primeras personas: formas, usos y sintaxis. (4.1.) −Hasta...: Despedidas (4.2.) −Aquél que.../ El de... Llevar/tener: contraste semántico. (4.3.) −Esto: usos. (4.4.) −Gradativos: muy, bastante, nada. (4.5.) −El verbo conocer: régimen preposicional. (4.6.) −Tratamientos: Señor/a. Don/Doña... (4.7.) −Días de la semana. (4.8.) |
| **Referencias temporales.** | 5. ¿Qué tal te ha ido? | −En el trabajo. 1.1.<br>−En un consultorio. 1.2.<br>−Relato de un incidente. 1.3.<br>−Relato al teléfono. 1.4. | −Hablando de acciones del pasado. (2.1.) −Hablando de costumbres habituales. (2.2.) −Hablando de proyectos, decisiones y acciones futuras. (2.3.) −Compartiendo sentimientos: sorpresa, alegría, tristeza e interés. (2.4.) | −Paradigma de los pret. perfectos reg. e irreg. más frecuentes, de los pret. indef. de estar, ir y quedarse. Contraste perf./indef. con marcadores temporales. (4.1.) −Expresión del futuro: Perífrasis ir + a + infin. y pres. indic. con valor fut. (4.2.) Prep.: estar en, ir a, quedarse en. (4.3.) V. reflexivos: colocación especial del pron. con infin. (4.4.) −Paradigma de pres. irreg.: o — ue; e — ie e incremento g. (4.5.) −Indicadores de tiempo. (4.6.) −Partes del día: sintaxis. (4.7.) −Expresiones de habitualidad y de frecuencia. (4.8.) −La hora. (4.9.) −Fecha y meses del año. (4.10.) |
| **Relaciones de persuasión.** | 6. ¿Me dejas el periódico, por favor? | −En el aeropuerto. 1.1.<br>−Con los vecinos. 1.2.<br>−En una conferencia. 1.3.<br>−En una tasca. 1.4. | −Pidiendo algo a otros: acciones y objetos (formal e informal) (2.1.)<br>−Ofreciendo ayuda. Aceptación y rechazo de la misma (formal e informal) (2.2.) −Permiso, posibilidad y obligación. (2.3.) −Invitaciones. (2.4.) | −Contraste tú/usted en imperativos afirmativos reg. e irreg. más frecuentes. (4.1.) −Poder + infinitivo y tener + que + infinitivo. (4.2.) −Puedo / se puede. (4.3.) −Estar + gerundio. (4.4.) −Distintos complementos de querer: nombre o infinitivo. (4.5.) −Colocación de los pron. átonos C.D. con imperativo. Proclisis y enclisis con infinitivo. (4.6.) −Colocación de los átonos C.I. (4.7.) −Usos de ya. (4.8.) |
| **Pensamiento y opinión.** | 7. ¿Tú crees que sí? | −En el museo. 1.1. y 1.2. | −Expresando probabilidad y desconocimiento (ignorancia u olvido). (2.1.) −Expresando indiferencia (2.2.)<br>−Expresando indecisión. (2.3.)<br>−Expresando intención. (2.4.)<br>−Expresando finalidad. (2.5.)<br>−Expresando razón, causa, explicación y justificación. (2.6.) | −Recapitulación de la expresión del tiempo y otros valores verbales del primer ciclo. (4.1.) −Recapitulación funcional del primer ciclo. (4.2.) −Valoración del funcionamiento del ciclo. (4.3.) |

| TÍTULO DE LA UNIDAD | SITUACIONES | SE DICE ASÍ. | ¡OJO! |
|---|---|---|---|
| 8. ¿De parte de quién? | −En un bar. 1.1.<br>−Al teléfono. 1.2.<br>−Con unos amigos. 1.3. | −Información personal: edad, domicilio, teléfono y estado civil. (2.1.)<br>−Saludos, despedidas, identificación del que llama, identificándose y control de la comunicación al teléfono. (2.2.) −Saludos, despedidas y convenciones por correo. (2.3.) −Pedir información sobre un texto escrito o para escribirlo. (2.4.) | −Paradigma de pres. indic. reg. e irreg. más frecuentes. (4.1.) −La gente: semántica, sintaxis y usos. (4.2.) −Estar + de / estar + en. (4.3.) −Adj. y sust.: -ista, -or/a; formación de fem. y pl. (4.4.) −Partículas interrogativas con prep. (4.5.) −Lectura del n.º de tel. (4.6.) −Pero/y. (4.7.) −Lectura de números romanos (4.8.) |
| 9. Allí verá una plaza. | −En la ciudad: a pie, en coche y en autobús. 1.1.<br>−En una oficina de información de trenes. 1.2. | −Hablando de las distancias. (2.1.) −Expresando posición relativa. (2.2.) −Dando puntos de referencia. (2.3.) −Informando de los distintos medios de transporte. (2.4.) −Hablando de horarios. (2.5.) −Confirmando la dirección. (2.6.) −Servicios complementarios. (2.7.) | −Paradigma de los imp. afirm. reg. e irreg. más frecuentes. (4.1.) −Paradigma del fut. reg. e irreg. más frecuentes. (4.2.) −La determinación del nombre: el, este / un, otro... (4.3.) −Ninguno/a: formas, usos y sintaxis. (4.4.) −Valores y usos de otro/a. (4.5.) −Interrogativa indirecta: sabe, puede decirme... (4.6.) −Prep. con verbos de movimiento y otros usos. (4.7.) −Ortog. de g/j; c/z. (4.8.) |
| 10. ¡Huy! ¡Es carísimo! | −En un hiper-mercado. 1.1.<br>−En un restaurante. 1.2.<br>−En una agencia de pisos. 1.3. | −Solicitar un servicio. (2.1.) −Informarse del precio (antes del servicio y al ir a pagar). (2.2.) −Informarse sobre la duración de un servicio. 2.3. −Referencia a un objeto: sustancia e identificación entre otros. (2.4.) −Expresión de la propia opinión y valoración de algo (conveniencia, admiración, comparación de gustos y cualidades). (2.5.) | −El pron. enfático con gustar, ir bien y parecer. (4.1.) −Posesivos: adj. y pron. (4.2.) −Esto: semántica y sintaxis. (4.3.) −La comparación con adverbios, verbos y adjetivos. (4.4.) −Gradativos. (4.5.) −Ausencia de posesivos con verbos reflexivos. (4.6.) −¿Cuál?: usos y sintaxis. (4.7.) |
| 11. Este chico me cae muy bien. | −En una empresa. 1.1.<br>−Entre amigas. 1.2. | −Hablando de otros (informando y opinando): profesión. (2.1.) −Hablando de otros: aficiones. (2.2.) −Hablando de otros: estado físico y de ánimo. (2.3.) −Opinando sobre la edad de otros. (2.4.) −Opinando sobre el carácter de otros. 2.5. −Mostrando acuerdo (parcial/total) y desacuerdo (parcial/total; formal e informal) (2.6.) | −Distintos sujetos del v. gustar: infin. y nombres. (4.1.) −Usos del verbo parecer (+ adj., + que...). (4.2.) −Me gusta/me ha gustado: diferencias semánticas y de uso. (4.3.) −Causalidad: como y porque. (4.4.) −Alguien, nadie/algo, nada. (4.5.) −Pret. imp. de indic. del verbo estar. (4.6.) −Adj. más frecuentes con ser y estar. (4.7.) −Ya/todavía no, aún no. (4.8.) |
| 12. ¿Nunca habéis estado en Granada? | −En el médico. 1.1.<br>−En una oficina. 1.2.<br>−Planificando un viaje. 1.3. | −Hablando del pasado: de un período de tiempo (duración o actividad); de un momento o fecha determinado; preguntando sin referencia al período o fecha. (2.1.) −Hablando del futuro: proyectos, intenciones y condiciones. (2.2.) −Reaccionando ante lo que les pasa a otros: sorpresa; ante una buena noticia; ante un problema; dando ánimo. (2.3.) | −Indicadores de tiempo: de frecuencia, de duración y de indicación relativa. (4.1.) −La negación: nunca, nada, nadie. (4.2.) −El doble pron.: morfología y sintaxis. (4.3.) −El si condicional: la condición habitual y futura. (4.4.) −Pret. imperfecto de indic. de los verbos ser, hacer y tener. (4.5.) −Pret. indefinido de los verbos ser, hacer, tener y pasar. (4.6.) −Preposiciones. (4.7.) |
| 13. A ver si venís a cenar... | −En una plaza pública. 1.1.<br>−En la playa. 1.2. | −Invitar a alguien a casa (formal e informal). (2.1.) −Sugerir una actividad e invitar a tomar parte en ella. (2.2.) −Advertir. (2.3.) −Prohibir, ordenar y pedir. (2.4.) −Citarse con alguien. (2.5.) −Contradecir enérgicamente a alguien. (2.6.) −Hablar del tiempo. (2.7.) | −Paradigma del imperativo neg. reg. y los irreg. más frecuentes. (4.1.) −Enclisis y proclisis del pron. con el imp. afirm. y negat. (4.2.) −Pret. imperfecto del v. querer. (4.3.) −Me gustaría: semántica y sintaxis. (4.4.) −Me apetece, me va bien: sintaxis y contraste semántico. (4.5.) El si condicional en ruegos, órdenes e invitaciones (si + presente... presente/imperativo). (4.6.) −Las estaciones del año. (4.7.) −La temperatura. (4.8.) −Tanto/mucho: sintaxis y usos. (4.9.) −Quedar/quedarse; contraste semántico. (4.10.) |
| 14. ¡Ah! No lo sabía. | −En un recital. 1.1.<br>−En casa de Monika. 1.2. | −Expresando hipótesis. (2.1.) −Expresando certeza. (2.2.) −Expresando desconocimiento. (2.3.) −Al enterarse de algo inesperado. (2.4.) −Al descubrir que se estaba mal informado. (2.5.) −Transmitir la información de otro a un tercero. (2.6.) −Repetir una pregunta o información. (2.7.) −Repetir una orden. (2.8.) | −Paradigma del pret. imperfecto de indic. reg. y de los irreg. más frecuentes. (4.1.) −Estilo indirecto. (4.2.) −o... o; ni... ni. (4.3.) −Recapitulación funcional del segundo ciclo. (4.4.) −Valoración del funcionamiento del ciclo. (4.5.) |

# Para entendernos

## 1. ¿Cómo se escribe?

## 2. ¿Cómo se dice "OK" en español?

## 3. ¿Qué quiere decir "mandrágora"?

## 4. ¿"jersey" y "pullover" es lo mismo?

## 5. ¿Está bien así?

## 6. ¿Cómo dice? ¿Puede repetir, por favor?

## 7. Más despacio, por favor.

## 8. Más alto, por favor.

## 5.3.

¿Qué vas a comprar?

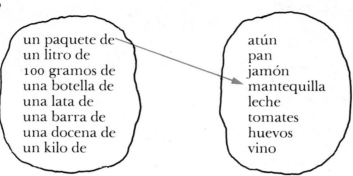

un paquete de
un litro de
100 gramos de
una botella de
una lata de
una barra de
una docena de
un kilo de

atún
pan
jamón
mantequilla
leche
tomates
huevos
vino

## 5.4.

Contesta a tu compañero, según tus propias opiniones, utilizando:

A mí sí.
A mí no.
A mí también.
A mí tampoco.

● tu compañero
○ tú hablando de ti mismo

1. ● Me gusta el flamenco.

   ○ _____

2. ● No me gusta Dalí.

   ○ _____

3. ● Me gustan las películas de Saura.

   ○ _____

4. ● Me gusta tomar el sol.

   ○ _____

5. ● No me gusta el jazz.

   ○ _____

6. ● España no me gusta.

   ○ _____

7. ● No me gusta el horario español.

   ○ _____

8. ● Me gusta Falla.

   ○ _____

9. ● No me gusta viajar en tren.

   ○ _____

10. ● Me gusta la tortilla de patatas.

   ○ _____

## 5.5.

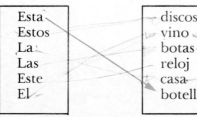

| Esta | discos | es | bastante |
| Estos | vino | me parecen | de oro |
| La | botas | me gustan | llena |
| Las | reloj | es | nada |
| Este | casa | no me gusta | muy moderna |
| El | botella | está | caras |

## 5.6.

**Completa las palabras si es necesario:**

1. Est __os__ pantalones roj __os__ no me gustan nada. Prefiero aquellos gris __es__

2. Quería un __a__ americana marrón __—__ , no muy car __a__

3. Est __os__ sellos cuestan doscient __as__ pesetas y el sobre, treinta.

4. No me gustan nada l __os__ zapatos blan __cos__ , l __os__ prefiero oscur __os__

5. Est __e__ chico me parece muy simpátic __o__

6. No quiero comprar un __as__ gafas de sol.

7. En esta tienda hay cosas muy barat __as__

8. Tengo un __os__ discos muy buen __os__

9. ¿Te gusta aquel __la__ bolsa del escaparate?

10. Angel me parece muy simpátic __o__ y muy modern __o__. Jorge también es muy simpátic __o__ y muy interesant __e__

## 5.7.

**Completa con gusta, gustan, parece, parecen:**

1. ● Este periódico me ___parece___ muy aburrido.

   ○ Pues a mí me ___gusta___ bastante.

2. ● ¿Qué te ___parecen___ estos pantalones?

   ○ No sé... Los pantalones cortos no me ___gustan___ nada.

3. ● ¿No tiene otra maleta más grande? Esta me ___parece___ demasiado pequeña.

4. ● ¡Qué vino tan bueno!

   ○ Pues a mí no me ___gusta___ mucho.

   Me ___parece___ muy fuerte.

## 5.8.

**Lee en voz alta estas cantidades:**

1.300 Km.
52 Kg.
1/4 Kg.
515 personas
777 m.

250 ptas.
473 gr.
1/2 Km.
3.869 ptas.
1.987 ptas.

# 6. Todo oídos

## 6.1.

Escucha y marca el número que corresponde a la imagen:

número: _____          número: _____          número: _____          número: _____

## 6.2.

Escucha, toma notas y responde a las siguientes preguntas:

1. ¿Qué quiere comprar? _____

2. ¿Compra o no compra? _____

3. ¿Cómo quiere los pantalones? _____

# 7. Tal cual

¿Cuál prefieres? _____

¿Por qué? _____

_____

# 8. Allá tú

# 9. Somos así... ¡qué le vamos a hacer!

**ADIVINA, ADIVINANZA**
Dos monedas españolas
suman treinta pesetas
y una no es un duro.
¿Cómo puede ser?

○ Buenas, ¿tienen naranjas?
● Muy buenas.
○ Muy buenas, ¿tienen naranjas?

CANCION TONTA
Mamá.
Yo quiero ser de plata.
Hijo,
tendrás mucho frío.
Mamá.
Yo quiero ser de agua.
Hijo,
tendrás mucho frío.
Mamá.
Bórdame en tu almohada.
¡Eso sí!
¡Ahora mismo!
     F. GARCÍA LORCA

# 4

# ¿QUIÉN ES AQUÉL DEL BIGOTE?

EMILIO

MARIEL

MERCEDES

JULIÁN

# 1. ¿Qué me cuentas?

## 1.1. En la fiesta de cumpleaños de Ángela

● Hola, ¿qué tal?
○ Felicidades, Ángela.
Toma, esto es para ti.
● ¡Oh!, gracias.

○ Papá, éste es Alberto, un compañero de clase.
● Mucho gusto, joven.
△ Encantado.

● ¿Quién es aquella chica rubia con tejanos?
○ ¿Cuál? ¿La del jersey rojo?
● No, hombre, la gordita.
○ ¡Ah! Es Pepa, la hermana pequeña de Toni.
● ¿Por qué no me la presentas?

○ ¿Quién es ése de bigote?
● No sé. No lo conozco.
△ Yo sí. Es Enrique Gracia. Trabaja conmigo.

○ ¿Es tu novio?
● ¿Lorenzo? ¡No! Es un amigo.
Trabajamos juntos.
○ ¡Ah!, pues es muy amable.

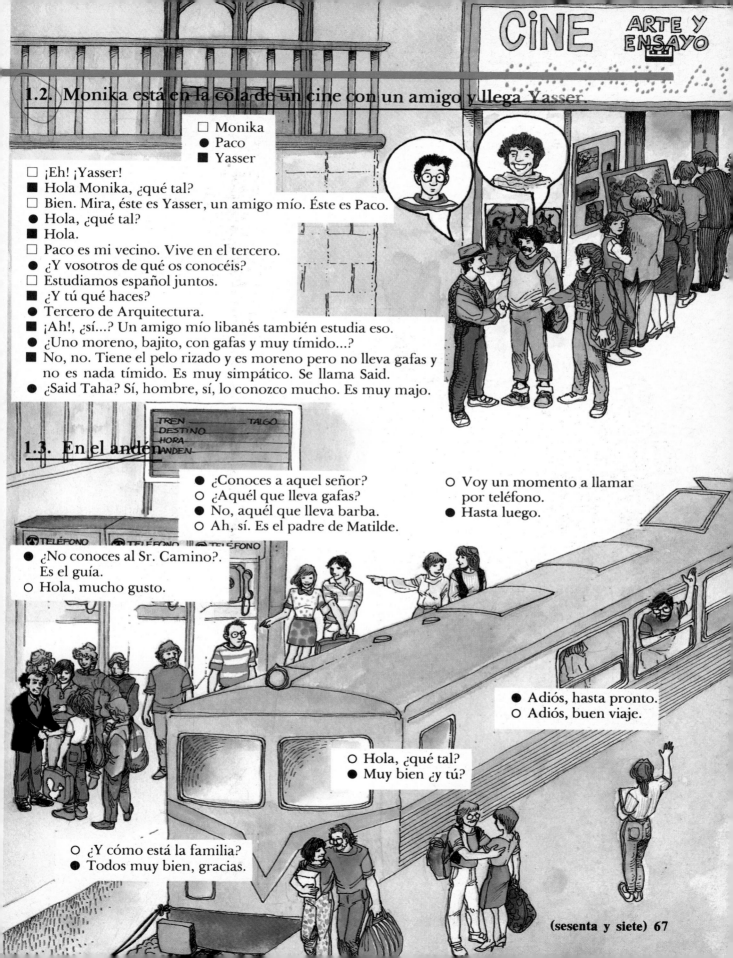

**1.2.** Monika está en la cola de un cine con un amigo y llega Yasser.

□ Monika
● Paco
■ Yasser

□ ¡Eh! ¡Yasser!
■ Hola Monika, ¿qué tal?
□ Bien. Mira, éste es Yasser, un amigo mío. Éste es Paco.
● Hola, ¿qué tal?
■ Hola.
□ Paco es mi vecino. Vive en el tercero.
● ¿Y vosotros de qué os conocéis?
□ Estudiamos español juntos.
■ ¿Y tú qué haces?
● Tercero de Arquitectura.
■ ¡Ah!, ¿sí...? Un amigo mío libanés también estudia eso.
● ¿Uno moreno, bajito, con gafas y muy tímido...?
■ No, no. Tiene el pelo rizado y es moreno pero no lleva gafas y no es nada tímido. Es muy simpático. Se llama Said.
● ¿Said Taha? Sí, hombre, sí, lo conozco mucho. Es muy majo.

**1.3.** En el andén

● ¿Conoces a aquel señor?
○ ¿Aquél que lleva gafas?
● No, aquél que lleva barba.
○ Ah, sí. Es el padre de Matilde.

○ Voy un momento a llamar por teléfono.
● Hasta luego.

● ¿No conoces al Sr. Camino? Es el guía.
○ Hola, mucho gusto.

● Adiós, hasta pronto.
○ Adiós, buen viaje.

○ Hola, ¿qué tal?
● Muy bien ¿y tú?

○ ¿Y cómo está la familia?
● Todos muy bien, gracias.

# 2. Se dice así

## 2.1. Presentación de otras personas.

*Formal*
- ● Mire/a  éste/a  es
- ● Mire, le presento a

+ **2.6.  identificación de personas**

- ○ Encantado.
- ▲ Mucho gusto.

*Informal*
- ● Mira, éste/a es
- ● ¿No conoces a ___?

- ○ Hola (¿qué tal?)
- ▲ Hola.

## 2.2.  Convenciones y fórmulas sociales

**Saludos**

*Formal*
- ● (Buenos días), ¿cómo  está usted?
- ○ (Muy) bien, gracias. ¿Y usted?

*Informal:*
- ● Hola, ¿qué tal?
- ○ (Muy) bien, ¿y tú?

**Despedidas**

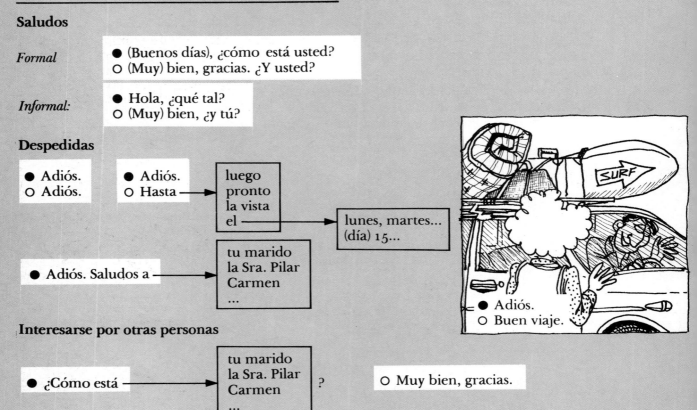

- ● Adiós.
- ○ Adiós.

- ● Adiós.
- ○ Hasta →

luego
pronto
la vista
el ———→

lunes, martes...
(día) 15...

- ● Adiós. Saludos a ——→

tu marido
la Sra. Pilar
Carmen
...

- ● Adiós.
- ○ Buen viaje.

**Interesarse por otras personas**

- ● ¿Cómo está ——→

tu marido
la Sra. Pilar
Carmen
...

?

- ○ Muy bien, gracias.

## 2.3.  Hablar de otros

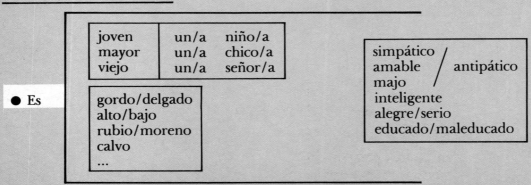

| joven | un/a | niño/a |
| mayor | un/a | chico/a |
| viejo | un/a | señor/a |

● Es

gordo/delgado
alto/bajo
rubio/moreno
calvo
...

simpático
amable      / antipático
majo
inteligente
alegre/serio
educado/maleducado

| | X años |
|---|---|
| ● Tiene | el pelo largo/corto<br>los ojos azules, marrones... |

| ● Lleva | chaqueta gris, marrón...<br>pantalones azules, verdes...<br>...<br>barba/bigote<br>reloj<br>pelo largo/corto<br>... |
|---|---|

## 2.4. Identificación de alguien en un grupo

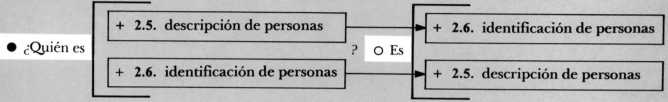

| ● ¿Quién es | + 2.5. descripción de personas | | + 2.6. identificación de personas |
|---|---|---|---|
| | + 2.6. identificación de personas | ? ○ Es | + 2.5. descripción de personas |

## 2.5. Descripción de personas

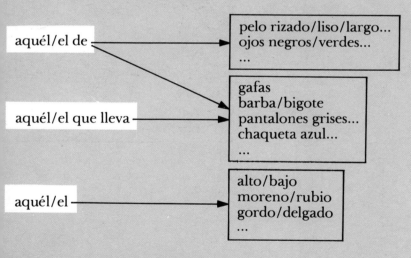

aquél/el de →

| pelo rizado/liso/largo...<br>ojos negros/verdes...<br>... |
|---|

aquél/el que lleva →

| gafas<br>barba/bigote<br>pantalones grises...<br>chaqueta azul...<br>... |
|---|

aquél/el →

| alto/bajo<br>moreno/rubio<br>gordo/delgado<br>... |
|---|

## 2.6. Identificación de personas

| el señor Martínez<br>Martínez<br>el señor Antonio<br>Don Antonio<br>Antonio<br>un amigo mío<br>el guía<br>mi padre<br>el padre de Carmen |
|---|

# 3. Y ahora tú

## 3.1.

Esta mañana han robado en el banco de debajo de tu casa. Tú has visto a estas cuatro personas. Descríbelas.

○ Policía
● Tú

○ ¿Cómo es?
● _____
_____
_____
...

## 3.2.

Pon los saludos y las despedidas:

○ _____

○ _____
● _____

○ _____

○ _____

## 3.3.

Habla con tu compañero.

● Tú
○ Tu compañero

Pilar González
Sevilla
25 años
enfermera
morena
pelo largo
delgada
baja

● Ésta es Pilar González.
○ ¿De dónde es? / ¿Es de Madrid?
● Es de Sevilla. / No, es de Sevilla.
○ ¿Cuántos años tiene?
● 25
○ ¿Qué hace?
● Es enfermera.
○ ¿Cómo es?
● Es delgada, baja...
○ ¿Y el pelo?
● Lo lleva largo y es morena.

**Y ahora tú:**

Luis Pals
Barcelona
17 años
cantante
rubio
pelo largo
alto
simpático

Curro Duarte
Córdoba
30 años
torero
moreno
pelo corto
muy alto
valiente

Matilde Cruz
Buenos Aires
22 años
azafata
morena
pelo corto
alta
amable

José Cabrera
La Habana
35 años
mecánico
pelo rizado
bajo
gordo
despistado

## 3.4.

**Preséntale tu familia a este amigo:**

● Mira,  éste es _____
te presento _____

○ _____

▲ _____

...

**Presentas al director de otra empresa a tus compañeros de trabajo.**

● Mire, le presento a _____
○ _____
▲ _____

## 3.5.

**En una fiesta en casa de un amigo tuyo. Tú sólo conoces a tu amigo.**

○ ¿ _____ ?
● La novia de Ernesto.
○ ¿ _____ ?
● Mi jefe.
○ ¿ _____ ?

○ tú
● tu amigo
● Es José Robles, un compañero de trabajo.
○ ¿ _____ ?
● ¿Aquella rubia? Es la mujer de José.
○ ¿ _____ ?
● ¿El de la barba?
○ . _____
● Es Fermín, el hermano de Sonia.
○ ¿ _____ ?
● ¿Mi novia? Es la morena del pelo rizado.

# 4. ¡Ojo!

## 4.1.

MI _____

● Mira, éste es mi amigo.

UN____MÍO

● Mira, éste es un amigo mío.

| Mi  amigo<br>amiga | Un amigo mío<br>Una amiga mía |
|---|---|
| Mis vecinos<br>Mis vecinas | Unos vecinos míos<br>Unas vecinas mías |

Éste es un amigo = Éste es un amigo mío

| TU | TUYO<br>TUYA |
|---|---|
| TUS | TUYOS<br>TUYAS |

| SU | SUYO<br>SUYA |
|---|---|
| SUS | SUYOS<br>SUYAS |

● ¿Quién es?
○ Es su hermano.
● ¿?
○ El hermano de Carmen.

## 4.2.

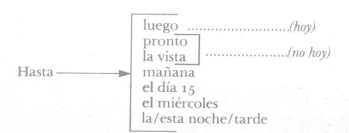

Hasta ——→

luego .........................(hoy)
pronto
la vista .....................(no hoy)
mañana
el día 15
el miércoles
la/esta noche/tarde

## 4.3.

| Aquél que | lleva barba |
|:---:|:---:|
| ↓ | ↓ |
| El de | barba |

Llevar ≠ Tener

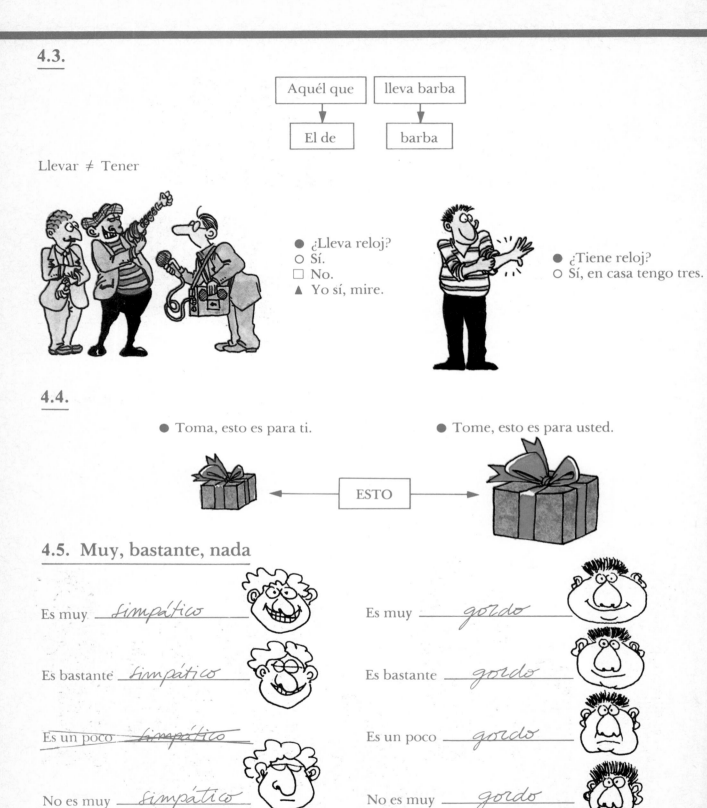

● ¿Lleva reloj?
○ Sí.
□ No.
▲ Yo sí, mire.

● ¿Tiene reloj?
○ Sí, en casa tengo tres.

## 4.4.

● Toma, esto es para ti.

● Tome, esto es para usted.

ESTO

## 4.5. Muy, bastante, nada

Es muy _simpático_

Es bastante _simpático_

Es un poco ~~simpático~~

No es muy _simpático_

No es nada _simpático_

Es muy _gordo_

Es bastante _gordo_

Es un poco _gordo_

No es muy _gordo_

No es nada _gordo_

## 4.6. Conocer

¿No conoces [ A ] 
Mari
Toño
Pepe
el señor Carlos
mis abuelos
…
?

PERO:

¿Conoces
Barcelona
el museo del Prado
el barrio de la Santa Cruz
Asturias
…
?

## 4.7.

(el) señor
(la) señora
(la) señorita

*Nombre*

*Apellido*

*Nombre y apellido*

Don
Doña

*Nombre*

*Nombre y apellido*

Don Martínez

## 4.8.

### Días de la semana:
lunes, martes, miércoles, jueves, viernes, sábado y domingo.

# 5. Dale que dale

## 5.1.

Completa siguiendo el modelo:

● ¿Quién es aquella chica?

○ No lo sé. _No la conozco_

1. ● . ¿Aquellos dos son novios o están casados?

   ○ No lo sé. _____

2. ● ¿Quién es? ¿La madre de Juana?

   ○ No lo sé. _____

3. ● ¿Están aquí los hijos del señor Mercader?

   ○ _____ _____

4. ● ¿Aquélla es Alicia Vallés?

   ○ _____ _____

5. ● ¿Dónde están Dolores y su marido?

   ○ _____ _____

6. ● ¿Están aquí Margarita y su hermana?

   ○ _____ _____

7. ● ¿Aquél de la derecha es Gabriel García?

   ○ _____ _____

8. ● ¿Aquellas chicas y ese chico son los vecinos de Juan?

   ○ _____ _____

9. ● ¿Quién es aquella morena?

   ○ _____ _____

10. ● ¿Es ése el abuelo de Ricardo?

    ○ _____ _____

## 5.2.

| TÚ | | USTED | |
|---|---|---|---|
| | ¿No conoces a Javier? | | _¿No conoce a Javier?_ |
| 1. | ¿Aquel señor es tu padre? | | _____ |
| 2. | ¿Dónde están tus hijos? | | _____ |
| 3. | ¿Alfredo es amigo tuyo? | | _____ |
| 4. | ¿Cómo? ¿Sole es tu novia? | | _____ |
| 5. | ¿Son éstas tus vecinas? | | _____ |

## 5.3.

Completa con una sola palabra:

● ¿Conoces a aquella chica?

○ Sí, es _una_ amiga _mía_

1. ● ¿Quién es ——— señor?

   O Es ——— amigo ———

2. ● Oye, ¿aquel niño es ——— hijo?

   O No, es ———amigo de ——— hijo.

3. ● Mi vecina es muy amable.

   O No —— conozco.

   ● Sí, es ——— de la falda azul.

4. ● ¿ ——— señora es ——— abuela?

   O Sí, es ——— abuela.

5. ● ¿Aquél ——— pelo largo es el novio de Marisa?

   O No, es ——— hermano ———

## 5.4.

Buenos días, _señor_ Martín.

1. Hola, ——— Luisa. ¿Qué tal está usted?

2. Adiós, ——— Olmo. Hasta mañana.

3. Buenas tardes, ——— Luis.

4. Hasta la vista,——— Montserrat.

5. Hasta luego, ——— Cano.

Mire, éste es _el señor_ Robles.

1. Le presento a ——————— Isabel Duarte.

2. ¿Es usted ——————— Ricardo Nin?

3. Perdone, ¿——————— Carmen Tejada vive aquí?

4. Buenos días, este periódico es para ——————— Miguel Llobera.

5. Esta carta es para ——————— Terencio Simón.

## 5.5.

**Completa con** (el) señor, (la) señora, (la) señorita, don o doña:

1. Buenos días,——————— Martín. ¿Cómo está usted?

2. ¡——————— Antonia! ¡Teléfono!

3. Por favor,——————— Carmen, llame a su novio.

4. Mire, le presento a _____ Agustín Carpentier. _____ Carpentier éste es _____ Ramos.

5. Éste es _____ Moreno y ésta su _____

6. Adiós, _____ Siguán. Saludos a su marido.

7. ¿Quién es aquél? ¿ _____ Antonio Saguer?

8. Hay una carta para _____ Montserrat Caralt.

9. ¿Dónde está _____ Enriqueta Molina? ¿En su despacho?

10. Mire, ésta es la hija de _____ José Bastida, _____ Teresa Bastida.

## 5.6.

**Pregunta y responde con** | aquél/aquélla
el/la | + de

1. ● ¿Quién es Emilio?

   ○ _____

2. ● ¿Conoces a Julián?

   ○ Sí, es _____

3. ● ¿ _____ falda es Mariel?

   ○ _____ Mariel es _____

4. ● ¿ _____ paraguas es Mercedes?

   ○ _____

5. ● ¿Quién es _____ corbata?

   ○ _____

6. ● ¿ _____ pelo corto es Mariel?

   ○ No. Mariel es _____

7. ● ¿ _____ traje es Julián?

   ○ No, Julián es _____

# 6. Todo oídos

## 6.1.

**Escucha y toma notas:**
Dos amigos están hablando de una tercera persona.

Nombre _____

Nacionalidad _____

Edad _____

Aspecto físico _____

Profesión _____

## 6.2.

**Escucha y escribe el nombre de los miembros de la familia de Juan:**

Juan habla con Pablo de su familia.

1. _____

2. _____

3. _____

4. _____

5. _____

6. _____

7. _____

8. _____

¡EXITO garantizado! Máxima seriedad y reserva. Nueva opción médica. Barceló: T. 302-23-30. Mataró: T. 796-39-05. Granollers: T. 870-78-72. Sabadell: T. 726-53-95.

## 36 Relaciones

CONTACTOS máxima discreción. 323-10-48 y 230-60-89.

PARTICULAR. ANA, todo encanto y seducción (sólo mañanas, tardes, horas convenidas) hombre muy solvente, imprescindible. T. 323-16-05.

SRA. 24 años...

Manuel Vicente Tomás de veintinueve años de edad, casado, con una hija, con domicilio en la calle del Rosal, donde también viven sus padres y cuatro hermanos. La casa está muy cerca de la estación del Metro.

ESTER, 19 a., catalana, guapísima, alta y llenita, exuberante y muy simpática. Eva. 18 a., catalana, muy linda y cariñosa. T. 253-60-22. Muy higiénicas. Sába...

SEPARADA, 3... va, exuberant damente car Sres. selector que deseen int grato y delici mano. T. 30 mayores 40 a

También en Alcover; a 15 kilómetros de Tarragona; hay un niño con desarrollo extraordinario. Es hijo de doña Teresa Ferré Trenchs y de don Primitivo Méndez. Ambos jóvenes y de aventajada estatura. El niño se llama Miguel Angel. Tiene un hermanito de siete años. Miguel Angel nació el 14 de marzo de 1981; acaba de cumplir, por tanto, dos años. No hay quien le gane a vivaz y simpático.

TENGO 30 mi amigo, problema...

TENGO 18 2 AMIGAS están sole 217-70-70.

ALQUIL mento, di ble. Pisc Srta. Sar

PARTIC le ofrece za, expo Apart. T. 258-1

ESTHE part. 1 223-61

SEPAR sexy... clista. Una ra home me some me so as Corts.

---

SEPARADA sin interés econ. 317-72...

SERGIO disc. 301-31...

SI BUSCAS serio, eficaz mame. 301-3

SI ERES Sr econ. llama

SOC vidua si cerco refere pers. n. mili

INGENIER tero desea medio Apd

SRA. caba S.A. le brin informan

VESTI alto standing. 01-20-33, Barcelona.

DA 58 a. rubia y ele te desearía casarse culto. T. 302-09-69.

ERO 36 a. contable e encontrar a su futu osa. T. 302-09-69.

ETOS y confort., ap horas. 226-08-36.

sado. 201-49-54.

SRTA. 20 años educada y discreta con problemas econ. desearía contactar con cab. maduro y genero so. T. 321-64-57.

COMPLACERE todos tus caprichos. 201-49-54.

CIÓN, Silvia, joven, ... aspe

EMPRES vorciado, casarse.

¡ATENCIO sados, que narse con s de alto nive sonal. LI Chico 22 años. 246-07-17. 22046 Barcelona.

SEÑORAS o matrimoniales una amistad ros cultos y de 25 a 35 años desearía ampliarse. Interesados es 246-07-17. Gr cribir al apartado 9374 Barcelona.

VIUDA 46 a., pe rante, solicita a de Sres. discre ventes. Avda. V Montserrat, 81, e 1.ª, de lunes a n 11 mañana a 8 no

Somos dos chicas dinámicas y universitarias, nos gustaría conocer chicos normales pero no corrientes. (Aprox. 30 años).

SRTAS-SRAS. de ñía. Tel. 302-50-8 Lidia.

ALICIA, 18 a., estu en apuros. T. 255-8 Apart. priv.

AMANDA y un grupo de Srtas. no profesionales para salidas, hotel y domi cilio. De 11 mañ. a 3 ma drug. T. 223-72-26.

ELEN, jovencita muy com placiente de 11 a 2. Tel. 322-24-97. Sin prisas. Visa.

SRTAS. con clase para ser vicios especiales a hotel, domic., salidas, máx. disc. T. 322-24-97. Visa.

DONC qu discreció. 213-29-32.

PART. proporciona Sras. casadas, con ayuda econ. 207-30-56.

SRTAS. 302-67-75.

TRIO... 210-20-01. Eva.

SRAS. jóvenes reciben en piso particular a Sres. sol

---

para Sres. solventes. T. 254-84-61. T. Crédito.

M.ª ROSA. Joven separada uana. T. 254-84-61.

Funcionaria de cuarenta y ocho años, soltera, desea relacionarse (con fines serios) con compañeros solteros o viudos, con predilección por la música, teatro, cine, etc., de Madrid o alrededores. María E. Rodríguez. Marcenado, 42, 3.º C. Madrid-2.

Maestra funcionaria, treinta y cuatro años, soltera, formal, desea entablar amistad con compañeros de su edad. Escribir apartado 2.087. Zaragoza.

PARA PERSONAS liberadas de ambos sexos que deseen relacionarse y contactar, su club privado de ambiente selecto con discreción y seriedad. T. 239-87-84, de 11 mañana a 9 noche.

PAREJAS y solitarios, podrás encontrar entre nosotros todo aquello que tanto deseas, sin tabúes. T. 209-06-56. De 4 tarde a 3 madrugada.

VIUDA, 46 a., muchas ganas de vivir, desea relac. seria. 323-20-96.

SEPARADA, 33 jos, quiere zar. 323

(19) **CONTACTOS**

Deseo encontrar amistad sana y desinteresada con chicas para salir. Apdo.

Grupo amigos amigas

CREDIUNION. P.º de Gracia, 18, 1.º. 1.ª A. T. 302-40-82 y 302-41-36.

CREDITOS PERSONALES A EMPLEADOS EN 24 HORAS

CREDIUTIL T. 317-09- Puerta Angel, 4

CRED

Soltero 20 años de fí sico y trato agradable, de sea conocer chica de 25 a 30 años de iguales carac terísticas, indicar. Tel. má xima discreción. Apdo. Correos 5200. Barcelona.

PER 100.0 100.000 a 2 años 4.950 mes 100.000 a 3 años 3.650 mes

CREDIUTIL Puerta del Angel, 40, 3.º 4.ª T. 317-09-81 y 317-08-96.

CREDITOS PERSONALES DIRECTOS DE FINANCIERA SE CONCEDEN PREFERENTEMENTE A EMPLEADOS DE BANC Y CAJAS DE AHOR FUNCION ESTAMEN OFICIALE CIVILES Y MILITARE AYUNTAMIENTOS COMPAÑIAS DE AGUA, GAS Y ELECTRICIDAD MAXIMA RAPIDEZ

Soltero 33 años deseo conocer señorita culta y muy formal. Apartado 7059. Soy formal, te con testaré.

---

CONFIE en nuestra Unión largos años de experiencia avalan nuestras técnicas y han hecho posible nuestra rapidez en la tramitación y ... 188, 1.º, desp. 139. T.

Soltero, funcionario, treinta y cuatro años, desea relacionarse con compañeras de Madrid o alrededores. Telf. 245 22 12. Domingo.

Profesor de EGB, soltero, de cuarenta años, desea relacionarse con profesora de EGB o funcionaria soltera de treinta y ocho años como máximo. Telf (988) 81 72 67. Preguntar por Gallego en horas de clase. Mejor residentes en Castilla-León.

PRESTAMOS hasta el 90 % del valor de su coche. 330-19-98.

CAJA hipotecaria de Cataluña, S.A. «Su Caja amiga», compra joyas, monedas, papeletas empeño. Pago al contado. c. París, 118, entl. 1.ª (Urgel).

CAJA hipotecaria de Cataluña, S.A. «Su Caja amiga», papeletas empeño, no las pierda, no las malvenda, dinero inmediato, c. París, 118, entl. 1.ª (Urgel).

FINANCIERA

FINANCIERA

### 20.206 MUY FORMALES

Viudo de setenta y seis años, de 1,65, 65 kilos, con hijos casados e independientes, que vive solo en su casa, quisiera encontrar una señora de sesenta y cinco años en adelante que le guste el hogar, sea cariñosa y quiera vivir en Cataluña.

### 20.194 AMISTADES

Viuda honesta y afable de sesenta y cinco años, bien conservada, de 1,57, 58 kilos, físico agradable, cariñosa, limpia y ordenada, humana y algo romántica. De momento brinda amistad.

DESCUENTO de letras a corto y largo plazo. Interés bancario. T. 209-91-90.

HIPOTECAS, a 5 años con 1 año de carencia. T. 250-72-06 y 07.

POTECAS, entre 1 y 000.000, 5 años o menos n 1 año de carencia. T. 1-72-06 y 07.

OTECAS a intereses lerados, 1 año libre de os y 4 años, amortiza mensual. T. 250-72-06

Aport. a nego

HOLDING inter S. A. Dispone de partir del 7 % d para operación to, participard sería y colabora co-comercial gratu 209-54-89 y 209-53-32.

BANCOS 15 %. 212-82-82

SOMOS los mejores espe cialistas del mercado en in versión tras, I.P.F., C.D., os activos. Con Sr. Villaret. T.

Estoy separada. 34 años, funcionaria y deseo relación fines serios, per sona con inquietudes que acepte niños. Apartado 35097.

### 41 Torres y apartam.

COMPRO piso a particular Pago contado. 224-27-08.

COMPRAMOS pisos al contado. T. 317-56-75.

PROFINCA le compra s

COMPRA AL CONTADO Y LE DA EL MEJOR SERVICIO. NOS OCUPAMOS A TITULO GRATUITO DE TODAS LAS FORMALIDADES LEGALES GRUPASSA RBLA. CATALUÑA, 123 TEL. 217-05-08 TEL. 217-06-12

DESCUENTO de letras a corto y largo plazo. Interés bancario. T. 209-91-90.

SANTS - Contratista com pra pisos viejos pago contado hasta 3 mill 217-75-70. Sr. Sanjuán.

URGE COMPRA piso usa do zona Gracia pgo. cto 237-20-24.

URGE COMPRA PISOS usados en Barcelon pago contado. Visita ráp da sin compromiso. Trat directo sin intermediació Llamar al 237-20-24.

COMPRO los tienda fábricas confección, géne punto. 307-92-30. Contad

COMPRO conf., tela y re tos de tienda. T. 245-33-6

COMPRO toda clase gén ros partidas. 226-17-45 354-10-63. Pago contad

COMPRO restos tienda Fábrica conf. y punto, te las, etc. T. 223-94-38.

COMPRO toda clase g gros., restos tdas., clas fábrica, confec. drog. etc. Tels. 864-58-94 397-09-01.

CPRO. CONFEC. drog perf., telas y otros gros. ctdo. T. 346-28-98. pag

---

**Cupón (recorte ✂):**

NOMBRE ............................
DOMICILIO ............................
TEL ............... POBLACION ............
TEXTO A PUBLICAR EN EL APARTADO NUMERO

1.º
2.º
3.º

Adjuntar talón o giro postal a nombre de GUIA DEL OCIO.

# 9. Somos así... ¡qué le vamos a hacer!

## ¿A quién pertenece cada descripción?

(1) Lleva barba y bigote. Tiene la boca pequeña, la frente ancha y el pelo corto, negro y rizado. Se dedica a la política. Es cubano.

(2) Está bastante gorda. Tiene el pelo corto y es morena. Tiene la nariz recta y la frente ancha. Es cantante de ópera.

(3) Lleva el pelo corto y es moreno. Tiene la boca grande y la nariz recta y larga. Es delgado y baila muy bien.

(4) Es un chico joven. Tiene el pelo negro, largo y muy rizado; los labios gruesos y la boca grande. No es muy alto. Es un deportista argentino.

(5) Es alto y gordo. Tiene la cabeza grande y la frente ancha. Es escritor y miembro de la Real Academia Española de la Lengua.

(6) Lleva barba y tiene el pelo gris, los ojos pequeños y la nariz un poco grande. Es actor y trabaja mucho en el cine.

| Número | Letra | Nombre |
|--------|-------|--------|
| 1. | _____ | _____ |
| 2. | _____ | _____ |
| 3. | _____ | _____ |
| 4. | _____ | _____ |
| 5. | _____ | _____ |
| 6. | _____ | _____ |

CAMILO JOSÉ CELA

DIEGO MARADONA

FIDEL CASTRO

FERNANDO REY

ANTONIO GADES

MONTSERRAT CABALLÉ

*JEROGLÍFICO*

Tú eres rubio y tu mujer morena.
¿Son rubias tus hijas?

LA
SI

# 5

# ¿QUÉ TAL TE HA IDO?

# 1. ¿Qué me cuentas?

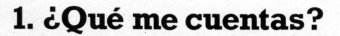

## 1.1. Otra vez es lunes.

- ○ ¿Qué tal el fin de semana?
- ● Muy bien. He estado en el campo, en casa de unos amigos. ¿Y tú?
- ○ Normal.

- ○ Mire, mañana no puedo venir porque voy a ir al médico.
- ● ¿Qué le pasa?
- ○ Que me encuentro mal.

- ○ ¿Y tú qué has hecho?
- ● Nada. Me he quedado en casa todo el fin de semana.

- ○ El sábado por la tarde fui al cine y el domingo me quedé en casa.
- ● Pues yo el sábado estuve en la playa.

- ○ El próximo fin de semana vamos de excursión.
- ● ¡Qué suerte! Yo tengo mucho trabajo y no puedo salir.

- ○ ¿Qué haces esta noche?
- ● Salgo con una amiga.

## 1.2. No se encuentra bien.

MEDICINA GENERAL
RADIOLOGÍA
GINECOLOGÍA

- ○ ¿Bebe vino en las comidas?
- ● Sí, un poco... dos o tres vasos.
- ○ ¿Y fuma?
- ● Sí, un paquete y medio.

- ● ¿Qué le pasa?
- ○ Me duelen las piernas, los brazos, los riñones,... Vamos, que me duele todo.

## 1.3. Yasser tiene problemas.

□ ¿Qué te pasa? ¿Estás de mal humor?
■ Es que esta mañana he perdido el pasaporte.
□ ¿Sí? ¿Y qué vas a hacer? ¿Vas a ir a la policía?
■ Ya he ido. He estado tres horas y no he arreglado nada.
□ Pero, ¿por qué?
■ Pues mira, desde las 10 hasta las 11,30 he hecho cola; después he hablado con un policía; luego, con otro...
□ Claro...
■ Y después he rellenado unos papeles. Tengo que volver la semana que viene con un certificado del Consulado.
□ ¡Qué lata! La burocracia es un rollo, ¿verdad?
■ Sí, sí; además no han sido muy simpáticos conmigo... Bueno, ¿y tú, qué?
□ ¡Ah! Pues yo muy bien. Ha sido un día muy tranquilo.
■ ¡Qué suerte, hija!

## 1.4. Todo el día fuera de casa.

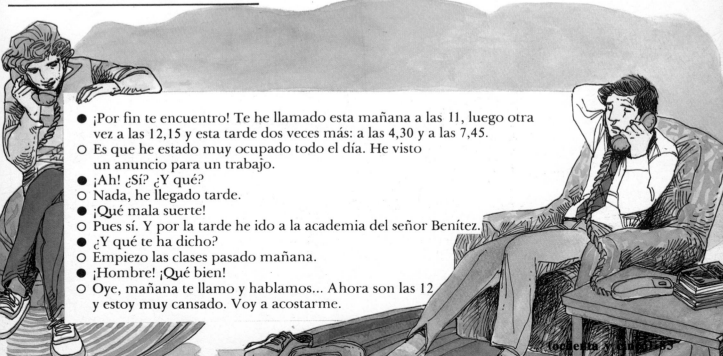

● ¡Por fin te encuentro! Te he llamado esta mañana a las 11, luego otra vez a las 12,15 y esta tarde dos veces más: a las 4,30 y a las 7,45.
○ Es que he estado muy ocupado todo el día. He visto un anuncio para un trabajo.
● ¡Ah! ¿Sí? ¿Y qué?
○ Nada, he llegado tarde.
● ¡Qué mala suerte!
○ Pues sí. Y por la tarde he ido a la academia del señor Benítez.
● ¿Y qué te ha dicho?
○ Empiezo las clases pasado mañana.
● ¡Hombre! ¡Qué bien!
○ Oye, mañana te llamo y hablamos... Ahora son las 12 y estoy muy cansado. Voy a acostarme.

# 2. Se dice así

## 2.1. Hablando de acciones del pasado.

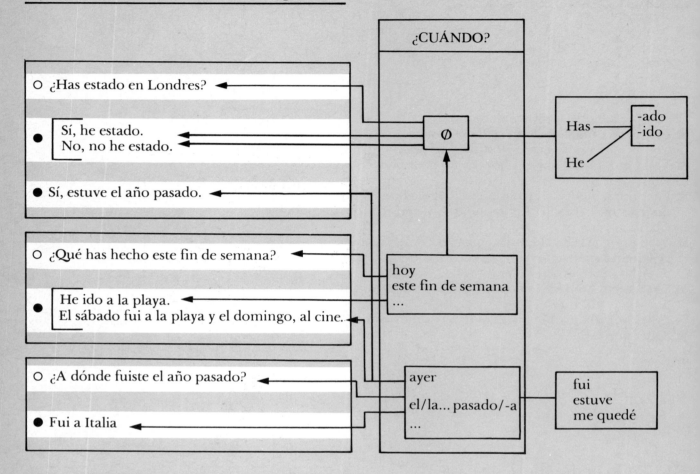

¿CUÁNDO?

O ¿Has estado en Londres?

● Sí, he estado.
No, no he estado.

● Sí, estuve el año pasado.

Ø

Has ──── -ado
He ──── -ido

hoy
este fin de semana
...

O ¿Qué has hecho este fin de semana?

● He ido a la playa.
El sábado fui a la playa y el domingo, al cine.

O ¿A dónde fuiste el año pasado?

● Fui a Italia

ayer
el/la... pasado/-a
...

fui
estuve
me quedé

## 2.2. Hablando de costumbres habituales.

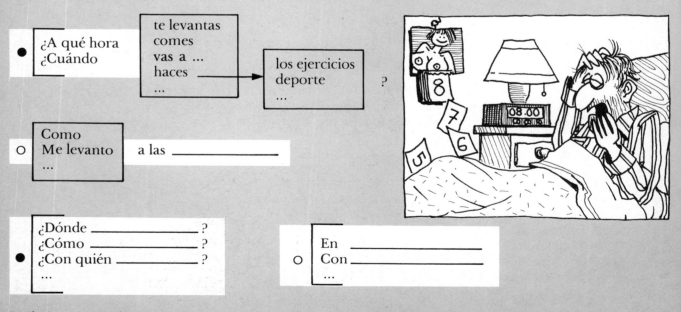

● ¿A qué hora
¿Cuándo

te levantas
comes
vas a ...
haces
...

los ejercicios
deporte
...

?

O Como
Me levanto
...

a las _____

● ¿Dónde _____ ?
¿Cómo _____ ?
¿Con quién _____ ?
...

O En _____
Con _____
...

## 2.3. Hablando de proyectos, decisiones y acciones futuras.

○ | ¿Qué vas a hacer? | + | mañana | | ● | Voy a salir. |
| ¿Qué haces? | | el/la... que viene | | | Salgo. |
| | | ... | | | |

## 2.4. Compartiendo sentimientos.

**Interés**

● ¿Qué te pasa?  /  ¿Qué te ha pasado?

**Sorpresa**

● ¿Cómo? / ¡No me digas! / ¿Sí?

**Alegría compartida**

● ¡Qué bien!  /  ¡Qué suerte!

**Tristeza compartida**

● ¡Qué mala suerte! / ¡Qué lata!

# 3. Y ahora tú

## 3.1.

**Habla con tu compañero:**

- ○ tu compañero
- ● tú hablando de ti mismo

○ ¿Has comido en casa?

● *Sí.*

*No, he comido en el restaurante.*

1. ○ ¿Has venido en taxi?
   ● _____
2. ○ ¿Has jugado al tenis esta mañana?
   ● _____
3. ○ ¿Has desayunado en casa hoy?
   ● _____
4. ○ ¿Has ido al cine este fin de semana?
   ● _____
5. ○ ¿Has tomado café?
   ● _____

6. ○ ¿Te has levantado pronto hoy?
   ● _____
7. ○ ¿Has estado en Italia de vacaciones?
   ● _____
8. ○ ¿Has dormido en tu casa esta noche?
   ● _____
9. ○ ¿Te has quedado en casa esta mañana?
   ● _____
10. ○ ¿Has ido de compras esta semana?
    ● _____

## 3.2.

**Habla con tu compañero sobre los planes que cada uno tiene para esta tarde, esta noche, mañana y el fin de semana que viene:**

- ● tu compañero
- ○ tú hablando de ti mismo

● ¿Qué haces *esta noche* ?

○ *Voy a un concierto.*

## 3.3.

**Explícale a tu compañero lo que haces habitualmente:**

- ○ tú hablando de ti mismo

● ¿Qué haces normalmente?
○ Pues, por la mañana...

```
levantarse
desayunar
ducharse
salir de casa
ir a ...
ir en ...
...
...
volver a casa
acostarse
```

## 3.4.

**Habla con tu compañero de lo que ha hecho hoy Juanjo:**

○ tú
● tu compañero

○ *¿Ha ido al trabajo en metro?*
● *No, ha ido en autobús.*

1. levantarse a las 9 h.
2. quedarse en casa por la mañana
3. ir de compras
4. escuchar la radio al mediodía
5. comer con unos amigos
6. volver a casa a las 5 h.
7. ir a la playa
8. ver un rato la tele
9. hacer la cena
10. acostarse pronto

## 3.5.

**Relaciona:**

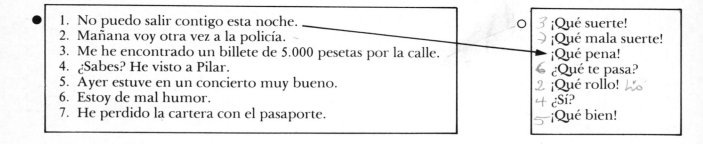

1. No puedo salir contigo esta noche.
2. Mañana voy otra vez a la policía.
3. Me he encontrado un billete de 5.000 pesetas por la calle.
4. ¿Sabes? He visto a Pilar.
5. Ayer estuve en un concierto muy bueno.
6. Estoy de mal humor.
7. He perdido la cartera con el pasaporte.

*3* ¡Qué suerte!
*7* ¡Qué mala suerte!
   ¡Qué pena!
*6* ¿Qué te pasa?
*2* ¡Qué rollo! *lío*
*4* ¿Sí?
*5* ¡Qué bien!

## 3.6.

**Estás tomando unas copas con un amigo por la tarde.**

● tu amigo
○ tú

● El año pasado estuviste en Londres, ¿verdad?
○ _____

● Ah, en Roma. Pero has estado alguna vez en Inglaterra, ¿no?
○ _____

● Pues yo voy a ir este verano. ¿Y tú?, ¿qué vas a hacer?
○ _____

● ¿Con quién vas a ir?
○ _____

● ¡Qué bien! Yo voy a ir solo.
○ _____

● Sí, viajar solo es un rollo.
○ ¿ _____ ?

● ¿Esta noche? Voy a ver la película de la tele. ¿Quieres venir a casa?
○ ¿ _____ ?

● A las diez, más o menos.
○ _____

● Hasta luego.

# 4. ¡Ojo!

## 4.1. Tiempos del pasado

Hoy

Este/a + mañana
tarde
semana
mes
año

Alguna vez
Nunca

→ HE
HAS
HA
HEMOS
HABÉIS
HAN
... -ADO
-IDO

*pretérito perfecto*

-AR ⟶ -ADO
comprar ⟶ he comprado

-ER/-IR ⟶ -IDO
comer ⟶ he comido
oir ⟶ he oído

Esta semana **he estado** en Bilbao.

La semana pasada **estuve** en Madrid.

ESTA MAÑANA HE IDO A LA PELUQUERÍA

AYER POR LA NOCHE FUI A TOMAR UNAS COPAS CON UNOS AMIGOS

**Irregulares**
ver: **HE VISTO**
decir: **HE DICHO**
hacer: **HE HECHO**
volver: **HE VUELTO**

*pretérito indefinido*

Ayer
Anoche

El/la + semana
mes
año
verano
...
pasado/a

| ESTAR | IR | QUEDARSE |
|---|---|---|
| ESTUVE | FUI | ME QUEDÉ |
| ESTUVISTE | FUISTE | TE QUEDASTE |
| ESTUVO | FUE | SE QUEDÓ |
| ESTUVIMOS | FUIMOS | NOS QUEDAMOS |
| ESTUVISTEIS | FUISTEIS | OS QUEDASTEIS |
| ESTUVIERON | FUERON | SE QUEDARON |

## 4.2. Tiempos del futuro

Mañana

Este/a + verano
fin de semana
...

El/la _ _ _ _ que viene

→ VOY A + infinitivo: voy a salir

→ presente: salgo

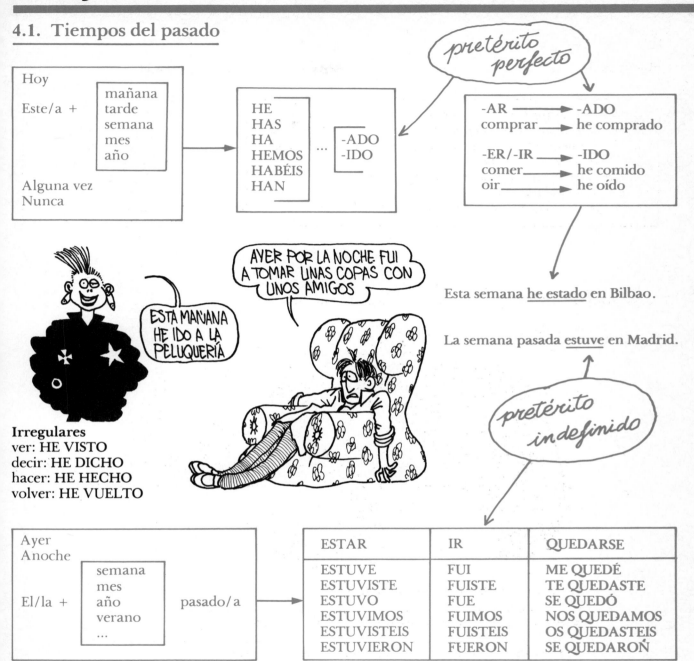

## 4.3. Preposiciones.

ESTAR + EN: He estado <u>en</u> casa de Julio.

IR + A: He ido <u>a</u> casa de Rosa.

QUEDARSE + EN: Me quedé <u>en</u> casa.

Pregunta:
¿**Dónde** has estado?
¿**A dónde** has ido?

## 4.4. Verbos reflexivos

| | A | B |
|---|---|---|
| LEVANTAR<u>SE</u> | Me levanto | Voy a levantarme |
| ACOSTAR<u>SE</u> | Me he acostado | Quiero acostarme |
| QUEDAR<u>SE</u> | | |

| | |
|---|---|
| 1.º: Me | 1.º: verbo |
| 2.º: verbo | 2.º: Me |

## 4.5. Verbos irregulares en presente.

| O → UE | | <u>UE</u> | <u>O</u> |
|---|---|---|---|
| Dormir | | duermo | |
| Acostarse | | duermes | |
| Poder | | duerme | |
| Volver | | | dormimos |
| | | | dormís |
| | | duermen | |

| E → IE | | <u>IE</u> | <u>E</u> |
|---|---|---|---|
| Querer | | quiero | |
| | | quieres | |
| | | quiere | |
| | | | queremos |
| | | | queréis |
| | | quieren | |
| Tener | | | tengo |
| Venir | | tienes | |
| | | tiene | |
| | | | tenemos |
| | | | tenéis |
| | | tienen | |

## 4.6. Indicadores de tiempo

## 4.7. Partes del día.

| La mañana | La tarde | La noche |
|---|---|---|
| Ayer por la mañana | Ayer por la tarde | Ayer por la noche / anoche |
| Esta mañana | Esta tarde | Esta noche |
| Mañana por la mañana | Mañana por la tarde | Mañana por la noche |

## 4.8. Expresiones de la habitualidad

CADA +
```
día
mañana
semana
mes
verano
...
```

TODOS LOS +
```
días
meses
años
lunes
veranos
...
```

TODAS LAS +
```
mañanas
tardes
semanas
...
```

```
+   SIEMPRE
    CASI SIEMPRE
    NORMALMENTE
↓   A VECES
    CASI NUNCA
−   NUNCA
```

## 4.9. La hora

● ¿Qué hora es?

○ (Son) las

/

● ¿A qué hora ——→

○ A las

```
comes
sales del trabajo
empieza el cine
...
```

 Es la una.

Las 7 de la tarde / Por la tarde.
● Te he llamado a las 9 de la mañana.
● Por la mañana no hay clase.

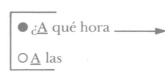

| | | |
|---|---|---|
| 3'00 | las tres | |
| 3'15 | las tres y cuarto | |
| 3'20 | las tres y veinte | |
| LAS... Y... 3'30 | las tres y media | |
| 3'35 | las cuatro menos veinticinco | |
| 3'45 | las cuatro menos cuarto | |
| LAS... MENOS... | | |

## 4.10. La fecha

```
1
2
3      enero    julio
...  + DE +  febrero  agosto
30     marzo    septiembre   + de + 19...
31     abril    octubre
       mayo     noviembre
       junio    diciembre
```

| Ø | Hoy es 12 de marzo. |
|---|---|
| El | El 15 de abril voy a París. |

# 5. Dale que dale

## 5.1.

**Completa con una sola palabra:**

● ¿Qué has hecho _____ fin _____ semana?

○ _____ sábado _____ la tarde fui _____ cine y _____ _____ noche me quedé _____ casa. ¿Y tú?

● Yo _____ quedé _____ casa los dos días. ¿Qué vas _____ hacer esta tarde?

○ _____ _____ cinco y cuarto voy _____ ir al dentista y a _____ nueve _____ a cenar _____ casa _____ unos amigos.

● ¡ _____ bien!

● ¡Hola! ¿Qué _____ ?

○ _____ bien. Ayer _____ a la ópera y _____ mañana _____ ido de compras y _____ comido en un restaurante _____ bueno.

● ¿Qué hora _____ ?

○ _____ siete.

● ¿Y _____ _____ hora empieza la película?

○ _____ _____ siete y media.

● Me voy. Es muy _____

## 5.2.

**Completa la postal:**

Pon estos verbos:
voy a / gusta /
estuvimos /
es / hay /
fuimos /
he quedado

COSTA DORADA
SITGES
B. N.º 5375

Esta ciudad _____ muy bonita cada día me _____ más. La semana pasada _____ con unos amigos a Sitges _____ unas playas estupendas. También _____ en las montañas de los alrededores. Este fin de semana me _____ en casa para estudiar. Ahora _____ ver la tele y luego a la cama. Un beso

FOTOGRAFÍA A. CAMPAÑÁ · POSTALES KOLORHAM PELAYO, 60 · BARCELONA · TEL. 317 21 43

Familia Martínez
Plaza Mayor, 8
CARTAGENA
(Murcia)

Werticrom, S. A.

DEP. L. B. 15.627-XXVIII

## 5.3.

**Pon los verbos en el tiempo pasado adecuado:**

1. ● ¿Qué (HACER, tú)——————— esta mañana? Te (LLAMAR, yo)——————— tres veces.

   ○ (LEVANTARSE, yo)——————— muy pronto y (IR, yo)——————— a la oficina del Sr. Estrada.

2. ● (¿IR, tú)——————— a la fiesta de Laura el domingo?

   ○ No, (QUEDARSE, yo)——————— en casa todo el día.

3. ● ¿Sabes? El viernes por la noche (ESTAR, yo)——————— en casa de Miguel.

   ○ ¡Ah! ¿Sí? ¿Y qué tal?

4. ● El sábado por la mañana (IR, yo)——————— a la piscina y por la tarde (ESTAR, yo)——————— en

   casa de unos amigos. ¿Y tú? ¿Qué (HACER)——————— este fin de semana?

   ○ Nada, (ESTUDIAR, yo)——————— todo el fin de semana.

5. ● ¿(ESTAR, tú)——————— alguna vez en San Sebastián?

   ○ Sí, (ESTAR, yo)——————— el año pasado, en verano.

## 5.4.

**Pon los verbos en la forma correcta:**

1. ● ¿Verdad que el domingo pasado Ramón (QUEDARSE)——————— en casa?

2. ● La semana pasada (IR)——————— a Tarragona, ¿no?        (vosotros)

3. ● Pues Ricardo siempre (LEVANTARSE)——————— a las ocho pero esta mañana

   (LEVANTARSE)——————— a las diez.

4. ● El jueves que viene Ricardo y yo (COMPRAR)——————— un regalo para Angel.

5. ● ¿(FUMAR)——————— usted normalmente?

   ○ Sí, cada día (FUMAR)——————— medio paquete.

6. ● Perdona, ¿qué hora (SER)——— ?

   ○ (SER)——— la una.

## 5.5.

**Completa con se o le:**

1. Pedro siempre _____ acuesta muy tarde. Hoy _____ ha levantado pronto porque va a ir al médico.

   Es que _____ duelen los riñones.

2. Paco _____ llama Francisco pero no _____ gusta.

3. Carlos y Roberto _____ quedan en casa esta noche.

4. Mis padres _____ levantan a las ocho de la mañana.

5. Doctor, al niño _____ duele la cabeza cuando _____ levanta.

6. ¿A qué hora _____ levanta tu marido?

7. A Magdalena no _____ gusta quedar _____ en casa los fines de semana.

8. Eduardo va a ir al dentista porque _____ duele una muela.

9. Perdone, ¿a qué hora va a acostar _____ usted esta noche?

10. A Jaime no _____ gusta quedar _____ en Barcelona.

## 5.6.

**Pon en el orden correcto la siguiente conversación**

          ○ Rosario
          ● Pedro

○ Te he llamado por teléfono esta tarde pero nadie me ha contestado.

○ Ah, sí... está muy bien. Yo también la he visto esta semana.

○ ¿Con Luis?, ¡qué bien! ¿Habéis visto algo bueno?

○ ¿Con quién?

○ Lo siento, estoy cansada y quiero acostarme temprano.

● Con Luis.

● Sí, E.T., es muy divertida.

● Es que hemos ido al cine a la primera sesión.

● ¿Salimos esta noche?

# 6. Todo oídos

## 6.1.

**Escucha la conversación telefónica de Alfredo y Angela:**

¿VERDAD O MENTIRA?

|  | V. | M. |
|---|---|---|
| 1. Alfredo está enfermo. | | |
| 2. Angela ha dormido muy mal esta noche. | | |
| 3. El médico va a ir mañana. | | |
| 4. La fiesta de Magda fue muy divertida. | | |
| 5. Alfredo se ha quedado en casa todo el fin de semana. | | |
| 6. Alfredo va a ir a casa de Angela por la tarde. | | |

## 6.2.

**Un detective informa sobre lo que ha hecho el Sr. Ayuso. Escucha y toma notas:**

# 7. Tal cual

## sábado 26

**Primera cadena**

**10.15 Carta de ajuste.** *Folklore europeo:* Labanda (España).

**10.30 Apertura y presentación.**

**10.32 Pista libre.** Se emite hoy en formato de revista e incluye reportajes sobre alimentación naturista, vegetarismo, macrobiótica. Drogas: dramatización con actores de una historia *tipo*, basada en una persona real, joven de diecisiete años, metida en el mundo de las anfetaminas desde los doce.

**12.30 Concierto.** *Burleska para piano,* de Ricardo Strauss, y *Sinfonía número 3 en la menor escocesa,* interpretadas por la Orquesta Filarmónica de Viena, dirigida por Christoph Dohnanyi.

**13.30 Mirar un cuadro.** *Historia de Nastagio degli Honesti,* de Botticelli. M. Vázquez Montalbán dice que ha elegido *Historia de Nastagio degli Honesti,* de Botticelli, por dos razones principalmente. La primera, porque hay cierto desconocimiento del público del Museo del Prado sobre ciertos autores extranjeros, como puede ser Sandro Botticelli, y la segunda, porque la personalidad de su autor concentra en sí misma las contradicciones de la época renacentista que le tocó vivir.

**14.00 Revista de toros.**

**14.30 Biblioteca Nacional.** *En Oriente se encendió esta guerra* (II). Fernando Sánchez Dragó entrevista a Fernando Arrabal, Francisco Torres y Angel Berenguer.

**15.00 Noticias.**

**15.35 D'Artacán.** *D'Artacán y el Halcón Azul.*

**16.05 Primera sesión.** *Dallas, ciudad fronteriza,* de Stuart Heisler (1950) (90'). Con Gary Cooper, Ruth Roman, Steve Cochran y Raymond Massey. Terminada la guerra de Secesión, un ex oficial sudista, reclamado por la ley por haber formado en las filas de los guerrilleros de Quantrell, llega hasta Dallas siguiendo la pista de los tres hermanos Marlow, quienes, en su ausencia, asesinaron a su familia y expoliaron sus propiedades en Georgia.

**17.40 Dibujos animados.**

**18.00 El loco mundo de los payasos.**

**18.30 La Pantera Rosa.**

**19.00 Usted, por ejemplo.** *A la vez, deporte.*

**20.00 Noticias.**

**20.30 Ciudades para vivir.** *El medio urbano.* Segundo programa de una miniserie conmemorativa del Año Europeo del Renacimiento de la Ciudad.

**22.30 Informe semanal.** Dirección: Ramón Colom.

**22.30 Sábado cine.** *El motín del Caine,* de Edward Dmytryk (1954) (120'). Guión: Stanley Roberts, basado en la novela de Herman Wouk (Premio Pulitzer). Con Humphrey Bogart, José Ferrer, Van Johnson, Robert Francis y May Wynn. El destructor *Caine,* de la Marina norteamericana, es sorprendido en alta mar por un violento tifón, y su capitán, víctima de una crisis nerviosa, debe ser relevado del mando. Como consecuencia del incidente, los oficiales acusan a su superior de incapacidad para el mando, compareciendo todos ante un consejo de guerra.

**0.40 Ultimas noticias.**

**0.45 Despedida y cierre.**

**Segunda cadena**

**15.15 Carta de ajuste.** Enric Morera.

**15.28 Apertura y presentación.**

**15.30 El espíritu de Asia.** *Indonesia.* Serie dedicada al continente asiático desde el punto de vista de su arte, costumbres y civilización tanto antigua como moderna.

**16.25 Dibujos animados.** *Los osos mañosos.*

**17.00 Retransmisión deportiva.** Voleibol. Salesianos-Son Amar.

**18.20 Las Brigadas del Tigre.** *Visita de incógnito.* Después de siglos de enemistad, ha llegado la hora de la *entente cordiale* para Francia y el Reino Unido.

**19.15 Producción española.**

**20.25 Estrenos TV.** *Sin escapatoria,* de John Llewellyn Moxey (1981). Guión: Jimmy Sangster. Con Mariette Hartley, Kathleen Beller, Arlen Dean Snyder, Gary Graham, Keir Dullea, Sandy McPeak y Milton Selzer. Un hombre que oculta su rostro con un pasamontañas y unas gafas oscuras lleva tiempo persiguiendo a Amy Manning, una joven estudiante de Bellas Artes. Amy ha denunciado el caso a la policía en repetidas ocasiones, sin ser creída. Un médico —el doctor Letterman— interviene, a instancias de Adela, madrastra de Amy, ya que se sospecha que el misterioso perseguidor no existe y que todo son fantasías de la muchacha.

**21.55 Teatro Real.** Transmisión en directo desde el Teatro Real de Madrid. Se presentan las siguientes obras: E. Fernández Blanco: *Obertura dramática* (primera vez por la orquesta). R. Strauss: *Dueto concertino para clarinete y fagot* (primera vez por la orquesta). Solistas: José Vadillo (clarinete), Juan Antonio Enguídanos (fagot). M. Durufle: *Requiem* (primera vez por la orquesta). Solistas: Ifigenia Sánchez (soprano), José Granados (bajo). Coro de RTVE. Director: Enrique García Asensio.

**24.00 Despedida y cierre.**

---

1. ¿A qué hora empieza la tele los sábados? _____

2. ¿A qué hora hay noticias? _____

3. ¿Hay alguna película? _____

4. ¿Hay algún programa de arte? _____

5. ¿Qué programas musicales hay? _____

6. ¿A qué hora termina la tele? _____

# 6

# ¿ME DEJAS EL PERIÓDICO, POR FAVOR?

# 1. ¿Qué me cuentas?

## 1.1. En el aeropuerto de Barajas.

● Oye, ¿me dejas el mapa un momento?
○ Espera, que lo estoy mirando yo.

● ¿Puedo ayudarle?
○ Gracias, joven.

● ¡Eh! Por aquí no se puede pasar.

● ¿Puedo pasar, por favor?
○ Pase, pase.

## 1.2. Todos necesitan cosas.

● ¿Me deja un poco de aceite? Se me ha terminado y no puedo hacer la cena.
○ Sí, claro. Un momentito.

● Oye, por favor, ¿puedes bajar el volumen de la tele? Está muy alto.
○ Sí, ahora mismo.

● ¿Puedo llamar por teléfono? Tengo que hacer una llamada urgente y...
○ Sí, claro. Pase, pase.

## 1.3. En una conferencia.

● ¿Puedo ayudarle?
○ No, no gracias. Ya está.

● ¿Pueden hablar más bajo, por favor? No me dejan oir.

● ¿Me deja el bolígrafo un segundo?
○ Tome.

● ¿Pueden cerrar la puerta, por favor?

□ Oye, esto lo pagamos nosotros.
● No, ni hablar.

● Manolo, trae otra de calamares.
○ ¡Una de calamares!

○ Yasser, pásame el vino.
■ Sí, toma.

● Oye, luego vamos
  a una discoteca,
  ¿vienes con nosotros?
○ Vale.

● Tengo frío,
  ¿me la dejas?
○ Sí, claro.

● ¿Quieres otra cerveza?
○ No, ya he tomado tres.

● Voy a cerrar la puerta.
○ Ya voy yo.

● Este jamón está muy
  bueno. Pruébalo.
○ Es que ya no puedo más.

● Quédate un rato más, hombre.
○ No, en serio; tengo mucho trabajo.

# 2. Se dice así

## 2.1. Pidiendo algo a otros:

**Acciones**

*Formal*

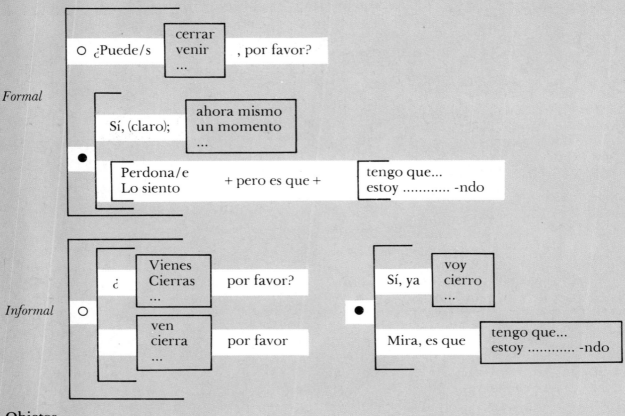

○ ¿Puede/s | cerrar / venir / ... | , por favor?

● Sí, (claro); | ahora mismo / un momento / ...

Perdona/e / Lo siento | + pero es que + | tengo que... / estoy ............ -ndo

*Informal*

○ ¿ | Vienes / Cierras / ... | por favor?

ven / cierra / ... | por favor

● Sí, ya | voy / cierro / ...

Mira, es que | tengo que... / estoy ............ -ndo

**Objetos**

*Formal*

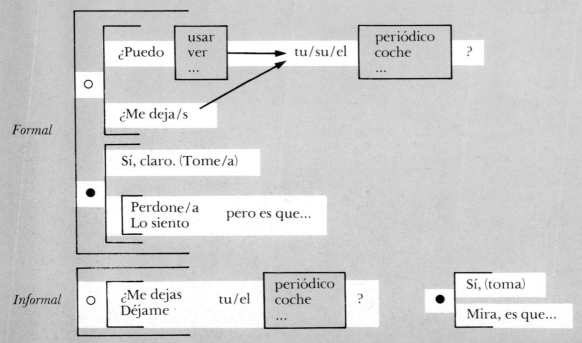

○ ¿Puedo | usar / ver / ... → tu/su/el | periódico / coche / ... | ?

¿Me deja/s

● Sí, claro. (Tome/a)

Perdone/a / Lo siento | pero es que...

*Informal*

○ ¿Me dejas / Déjame | tu/el | periódico / coche / ... | ?

● Sí, (toma)

Mira, es que...

~~¿Me dejas un cigarrillo?~~
~~¿Me dejas una aspirina?~~

¿Tienes | un cigarrillo / una aspirina | ?

## 2.2. Ofreciendo ayuda.

○ ¿Puedo ayudar | -te/os / -le/les | ?

● Sí, | por favor. / gracias.

No, gracias, | no hace falta. / ya está.

## 2.3. Permiso, posibilidad, obligación

**Permiso**

○ ¿Puedo... -ar/-er/-ir?

● Sí, claro.

No, | es que...

Obligación ——→ tienes que...

**Posibilidad**

○ ¿Se puede... -ar/-er/-ir?

● Sí

No, | no se puede.

Obligación ——→ hay que...

## 2.4. Invitaciones

○ ¿Vienes? / ¿Quieres venir?

● Sí, gracias. / Vale.

No, gracias; no puedo.

# 3. Y ahora tú

## 3.1.

Ofrece a tu compañero:

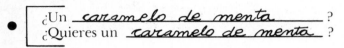

- ¿Un *caramelo de menta* ?
  ¿Quieres un *caramelo de menta* ?

○ Sí, gracias.
No, gracias. *los caramelos de menta no me gustan.*

● tú
○ tu compañero

caramelo de fresa
de limón
de menta
de naranja

té
café
chocolate

cigarrillo rubio
negro

coñac
anís
ginebra
ron

bocadillo de tortilla
de jamón
de queso
de chorizo
de salchichas
de atún

vino blanco
rosado
tinto

pastel de chocolate
de nata

cerveza
zumo de naranja

## 3.2.

Pídele a tu compañero:

*Dame / Déjame*
*¿Me das? / ¿Me dejas?*

un cigarrillo
una cerveza
su chaqueta
el paraguas
1.000 pesetas
tu reloj
las gafas de sol
un caramelo
una hoja de papel
un vaso de agua
esos discos

## 3.3.

**Habla con tu compañero:**

● ¿Me dejas *el coche* ?

○ | Mira, es que *está en el taller*.
  | Lo siento, es que *está en el taller*.

● tú
○ tu compañero

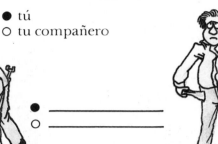

● _____
○ _____

● _____
○ _____

● _____
○ _____

● _____
○ _____

● _____
○ _____

## 3.4.

**Habla con tu compañero.**

● ¿ *Puedo pagar mañana* ?

○ | Sí, *claro.*
  | No, | *tiene que pagar hoy.*
  |     | *es que mañana está cerrado.*

● tú
○ tu compañero

- *pagar mañana.*
- *llamar por teléfono.*
- *hablar con el Sr. director*

- *llamarte esta noche a las once.*
- *mirar estas fotos.*
- *quedarme esta noche aquí.*
- *llevarme el periódico de hoy.*

## 3.5.

Invita a tu compañero a ir a:

| comer a tu casa |
| el cine |
| la playa |
| jugar al tenis |
| bailar |
| pasear por El Retiro |
| ver la tele en tu casa |

● ¿Quieres venir a mi casa?

○ Vale.

No, gracias, no puedo. Es que tengo Trabajo.

Y ahora invitas a estas personas:

UN AMIGO

DOS AMIGOS Y UNA AMIGA

AL Sr. GRACIA

AL Sr. ROS Y SU SEÑORA

| comer en un restaurante |
| de excursión |
| de compras |
| fiesta de cumpleaños |
| de tascas |
| Museo del Prado |
| tomar unas copas |

## 3.6.

Explica el significado de estas señales. Utiliza las formas: se puede, no se puede, hay que.

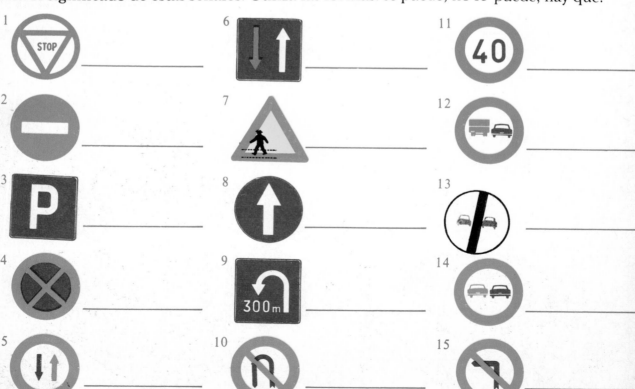

1 STOP _____

2 _____

3 P _____

4 _____

5 _____

6 _____

7 _____

8 _____

9 300m _____

10 _____

11 40 _____

12 _____

13 _____

14 _____

15 _____

# 4. ¡Ojo!

## 4.1. Imperativo

|       | -AR   | -ER/-IR |        |
|-------|-------|---------|--------|
|       | pasA  | escribE | Tú     |
|       | pasE  | escribA | Usted  |

pasar     comer
dejar     coger
ayudar    subir
esperar    abrir
...        ...

| cerrar | probar | volver | traer | hacer | venir | salir | decir |     |
|--------|--------|--------|-------|-------|-------|-------|-------|-----|
| cierra | prueba | vuelve | trae  | haz   | ven   | sal   | di    | Tú  |
| cierre | pruebe | vuelva | traiga| haga  | venga | salga | diga  | Ud. |

## 4.2.

Poder + Ø +
| girar |
| pasar |
| seguir recto |
| ... |

Tener + que +
| girar |
| pasar |
| seguir recto |
| ... |

## 4.3. Puedo/Se puede.

## 4.4.

Estar + 

| trabajando |
| comiendo |
| escribiendo |

| ¡OJO! | leer _____ leyendo |
| | ver _____ viendo |
| | oír _____ oyendo |
| | dormir _____ durmiendo |

CADA DÍA <u>LLAMA</u> A SU NOVIA A LAS 8h.

AHORA SON LAS 8h. Y... <u>ESTÁ LLAMANDO</u> A SU NOVIA

## 4.5.

Querer +

| salir |
| ir al cine |
| quedarme en casa |
| ... |

| un caramelo |
| una cerveza |
| un paquete de patatas |
| ... |

PAPÁ, QUIERO UN HELADO GRANDE Y UN CARÁMELO Y UN...

## 4.6.

¿Hago [ la cena ] ? [ LA ]

| LA puedes hacer |
| Puedes hacerLA |

| LA tienes que hacer |
| Tienes que hacerLA |

| LA quieres hacer |
| Quieres hacerLA |

¡OJO!

Con imperativo

| HazLA |
| CómeLA |

¿<u>Me</u> deja pasar?     Déje<u>me</u> pasar.

¿Cierras la ventana ?

¿LA cierras?

Cierra la ventana.

CiérraLA

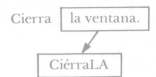

**4.7.**

¿Puedes ayudar ____?

| ME | TE | LE |
|----|----|-----|
| NOS | OS | LES |

¿ ____ dejas?

**4.8.**

# 5. Dale que dale

## 5.1.

Completa según el modelo:

¿Puedo pasar? _____Sí, pasa._____

1. ¿Puedo venir mañana?      Sí, pero _____ por la tarde.

2. ¿Puedo salir ahora?      Sí, _____

3. ¿Puedo volver esta noche?      No, _____ mañana.

4. ¿Puedo subir a tu casa?      Sí, _____

5. ¿Puedo esperar aquí?      Sí, _____

**Repite el mismo ejercicio con usted:**

¿Puedo pasar? _____Sí, pase._____

## 5.2.

Completa según el modelo:

¿Puedo hacer la cena? _____Sí, hazla._____

1. ¿Puedo hacer estos ejercicios? _____
2. ¿Puedo poner la radio? _____
3. ¿Puedo abrir las ventanas? _____
4. ¿Puedo quitar la tele? _____
5. ¿Puedo traer el pescado? _____

6. ¿Puedo dejar el abrigo aquí? _____
7. ¿Puedo decir una cosa? _____
8. ¿Puedo cerrar las puertas? _____
9. ¿Puedo coger los periódicos? _____
10. ¿Puedo hacer el café? _____

## 5.3.

Completa según el modelo:

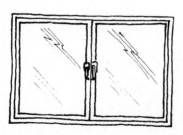

¿Puedes abrir la ventana?      _¿Abres la ventana?_      _Abre la ventana._

1. ¿Puedes dejarme el diccionario? _____ _____

2. _____ _____ Ayúdame a hacer esto.

3. _____ ¿Me dejas pasar, por favor? _____

4. ¿Puedes cerrar la puerta? _____ _____

5. _____ ¿Bajas la radio, por favor? _____

6. _____ _____ Quita la tele.

7. ¿Puedes darme tu dirección? _____ _____

¿Puede abrir la ventana?   *¿Abre la ventana?*   *Abra la ventana.*

1. _____ ¿Me deja el diccionario? _____

2. ¿Puede ayudarme a hacer esto? _____ _____

3. _____ _____ Déjeme pasar.

4. _____ ¿Cierra usted la puerta, por favor? _____

5. ¿Puede bajar la radio? _____ _____

6. _____ _____ Quite la tele.

7. _____ ¿Me da su dirección, por favor? _____

## 5.4.

**Completa según el modelo:**

1. ● ¿ *Le* ayudo? (a usted)

   O Gracias, joven.

2. ● ¿ _____ pasas la sal, por favor? (a mí)

   O Toma.

3. ● ¿Puede despertar _____ a las 7 y media? (a nosotros)

   O Sí, claro.

4. ● ¿Puedo ayudar _____ ? (a vosotros)

   O No, gracias. Ya está.

5. ● Perdone, ¿puede ayudar _____? Es que yo no puedo. (a mí)

   ○ Sí, un momento.

6. ● ¿ _____ puede fumar?

7. ● ¿ _____ puede girar a la derecha?

   ○ No, no se puede.

8. ● Estoy trabajando. Esta señorita _____ va a ayudar. (a ustedes)

9. ● Ayúde _____ , Mariano. (a ellos)

## 5.5.

**Completa según el modelo:**

○ Voy a cerrar la puerta.

● *Ya la cierro yo.*

1. ○ Voy a hacer la cena.

   ● _____

2. ○ Voy a comprar el periódico.

   ● _____

3. ○ Quito la mesa.

   ● _____

4. ○ Voy a hacer las camas.

   ● _____

5. ○ Tengo que comprar las entradas.

   ● _____

6. ○ Voy a lavar los platos.

   ● _____

7. ○ Voy a abrir la puerta.

   ● _____

8. ○ Voy a coger el teléfono.

   ● _____

9. ○ Tengo que bajar la basura un momento.

   ● _____

10. ○ Tengo que ir a comprar pan.

   ● _____

## 5.6.

**Completa según el modelo:**

● ¿Está Carlos?

○ No, no está. *Está estudiando en casa de un amigo.*

1. ● ¿Está Antonio?

   ○ Sí, pero _____. (DORMIR)

2. ● ¿Están los señores Ramírez?

   ○ Sí, pero en este momento _____. (CENAR)

3. ● ¿Qué hace Ruiz?

   ○ _____. (ESCRIBIR UNA CARTA)

4. ● ¿La señora Magdalena Ortiz, por favor?

   ○ Lo siento, _____. (COMER)

# 6. Todo oídos

## 6.1.

El señor necesita despertarse a las ocho.

En el hotel no lo pueden llamar.

La señora no quiere fumar.

En la sala se puede fumar.

El señor no puede abrir la puerta.

El botones no puede ayudarle en este momento.

| V | M |
|---|---|
|   |   |
|   |   |
|   |   |
|   |   |
|   |   |
|   |   |

## 6.2.

Número: _____     Número: _____     Número: _____

## 6.3.

Escribe lo que piden:

_____

_____

_____

_____

_____

_____

# 7. Tal cual

Si somos muchos los que luchamos por la Justicia serán muchos los que tendrán Paz.

Para informarte, dirígete a : JUSTICIA Y PAZ
Rivadeneyra, 6, 10°
Barcelona-2
Tel. 317 61 77

¿TE ASOCIAS A LA LUCHA CONTRA LA TORTURA?

Nombre:

Dirección:

desea recibir información para asociarse a la sección española de Amnistía Internacional.
(Envíese al apartado de Madrid 50.318 y de Barcelona 5.571.)

**AMNESTY INTERNATIONAL**

para millones de niños, su mundo, es un juego de vida o muerte

ayúdeles a vivir

hágase socio de **unicef**

ASOCIACION UNICEF ESPAÑA
Apartado 12.021. MADRID
Gerona, 62. BARCELONA-9

NUESTRO TRABAJO ES AYUDAR GRACIAS A TI.

AHORA PUEDES COLABORAR MEDIANTE TALON BANCARIO O GIRO POSTAL

CARITAS MADRID
C. Martín de los Heros, 21
MADRID-8

AYUDANOS A AYUDAR, EN ESTOS DIAS.

¿Qué quieren?
¿Qué podemos hacer?
¿Qué tenemos que hacer?

1. _____
2. _____
3. _____
4. _____
5. _____
6. _____
7. _____

# 8. Allá tú

# 9. Somos así... ¡qué le vamos a hacer!

# ¿TÚ CREES QUE SÍ?

# 1. ¿Qué me cuentas?

## 1.1. Han ido a Madrid para ver el Museo del Prado.

● Quiero comprar unas postales para
mandar a Terencio. ¿Dónde venden?
○ Ni idea.

● ¿Quieres ir a la sala de Picasso
o a la de Goya?
○ Me da igual.

● Voy a volver mañana para ver
esta sala con más tiempo.

● Oye, me voy un momento porque
quiero ver otra vez "Los caprichos".

● ¿"El caballero de la mano en
el pecho" está en esta planta?
○ Pues no me acuerdo.

● ¿Y "El príncipe Baltasar Carlos a caballo"?
○ No sé si es ése o aquél.
△ Creo que es aquél.

## 1.2. Viendo "Las meninas" de Velázquez.

■ Yasser
□ Monika

■ ¿Ése es Velázquez?
□ No, creo que es el del fondo.
■ Yo creo que no.
□ ¿Y los reyes?, ¿dónde están?
■ Son los del espejo.
□ Y ésta no sé quién es...
■ Es impresionante. Me gusta mucho.
□ A mí no tanto. Es que prefiero la pintura moderna.
■ ¿Por qué?
□ No sé, porque la conozco más.
■ Oye, ¿tú sabes qué significa "meninas"?
□ Qué sé yo.

● Vamos, que estoy muy cansado.
○ Hemos venido a Madrid a ver esto y vamos a verlo todo.

● Oiga, ¿la sala 23, por favor?
○ No sé dónde está. Lo siento.

# 2. Se dice así

## 2.1. Expresando probabilidad y desconocimiento.

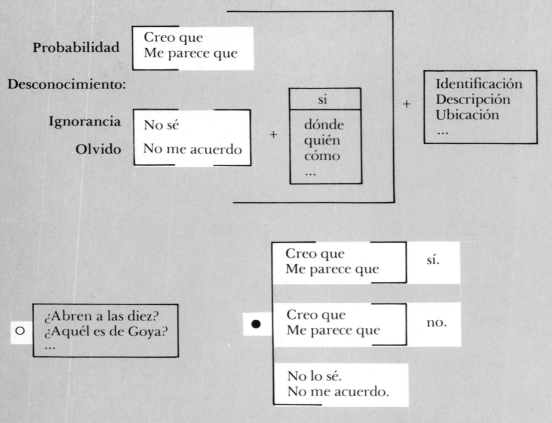

Probabilidad — Creo que / Me parece que

Desconocimiento:

Ignorancia — No sé
Olvido — No me acuerdo

+ si / dónde / quién / cómo / ...

+ Identificación / Descripción / Ubicación / ...

o ¿Abren a las diez? / ¿Aquél es de Goya? / ...

● Creo que / Me parece que sí.

Creo que / Me parece que no.

No lo sé. / No me acuerdo.

## 2.2. Expresando indiferencia

Me da igual.
Es igual.
Me da lo mismo.

## 2.3. Expresando indecisión

> No sé.
> No sé si _____

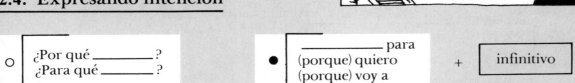

## 2.4. Expresando intención

○ | ¿Por qué _____?
  | ¿Para qué _____?

● | _____ para
  | (porque) quiero
  | (porque) voy a

\+ infinitivo

## 2.5. Expresando finalidad

● | Un sello
  | Un bolso
  | ...

\+ para \+

→ Italia
  una chica
  ...

→ infinitivo

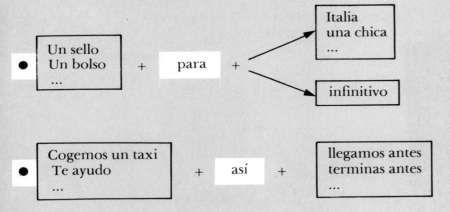

● | Cogemos un taxi
  | Te ayudo
  | ...

\+ así \+

llegamos antes
terminas antes
...

○ | ¿Por qué _____?
  | ¿Para qué _____?

● _____ + para + infinitivo

## 2.6. Expresando razón, causa, explicación o justificación.

○ ¿Por qué _____?

● | _____ porque _____
  | _____. Es que _____

# 3. Y ahora tú

## 3.1.

Responde expresando seguridad, probabilidad o desconocimiento:

1. ¿En Brasil hablan español?
2. ¿Has estado en Sevilla?
3. ¿Cortázar es un escritor argentino?
4. ¿Montevideo es la capital de Chile?
5. ¿En qué año ganaron los socialistas las elecciones en España?
6. ¿El tango es un baile?
7. ¿Gijón está al norte de España?
8. ¿Buenos Aires es más grande que Madrid?
9. ¿El presidente del gobierno español se llama Felipe?
10. ¿El Machu-Pichu está en Perú?
11. ¿La guerra civil española fue en 1936?
12. ¿Las Canarias están en el Mediterráneo?

ISLAS CANARIAS

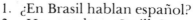

## 3.2.

Razona o justifica tu respuesta:

○ ¿No has traído el coche?
● *(No), es que está en el taller.*

1. ○ ¿Por qué no me has llamado por teléfono?
   ● _____

2. ○ ¿Por qué no has venido antes?
   ● _____

3. ○ ¿Vienes solo? ¿Por qué no viene tu amiga?
   ● _____

4. ○ ¿Por qué no le has dejado 5.000 pesetas a Luisa?
   ● _____

5. ○ ¿No quieres quedarte un rato más?
   ● _____

6. ○ ¿Por qué no has ido a clase esta mañana?
   ● _____

7. ○ Llegas tarde.
   ● _____

8. ○ ¿Qué te pasa? ¿Por qué estás tan serio?
   ● _____

9. ○ ¿Me acompañas a dar un paseo?
   ● _____

10. ○ ¿Por qué no comes más carne?
    ● _____

## 3.3.

### Habla con tu compañero

● tu compañero
○ tu hablando de ti mismo

Uno de estos tres es director de banco.

● ¿El director del banco es el del bigote?

○
> Creo que sí.
> Creo que no.
> Creo que es el del pelo corto porque va muy bien vestido.

1. A uno le gusta la música clásica.

4. Uno de estos tres chicos no es español.

2. Uno de éstos no es de la misma familia.

5. Uno de estos tres ya no trabaja.

3. A uno le gusta mucho el vino.

6. Uno de estos hombres hace mucho deporte.

## 3.4.

**Responde a estas preguntas:**

● tú hablando de ti mismo

1. ○ ¿Vamos a ver el Zoo o el Museo del Prado?
   ● _____

2. ○ ¿Pedimos mejillones o calamares?
   ● _____

3. ○ ¿Vamos en metro o en autobús?
   ● _____

4. ○ ¿Qué quieres para cenar? ¿Tortilla o ensalada?
   ● _____

5. ○ ¿Qué pongo: un disco o la radio?
   ● _____

6. ○ ¿Tomas café o té?
   ● _____

7. ○ ¿Salimos o nos quedamos en casa?
   ● _____

8. ○ ¿Friegas los platos o quitas la mesa?
   ● _____

9. ○ ¿Compramos "Cambio 16" o "Interviú"?
   ● _____

10. ○ ¿Vamos al fútbol o al cine?
    ● _____

## 3.5.

**Entre los autores de este libro se han infiltrado personajes famosos.
Habla con tu compañero y discute quiénes crees que son.**

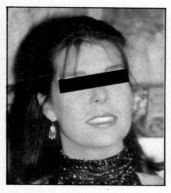

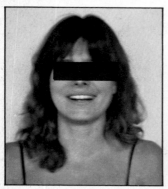
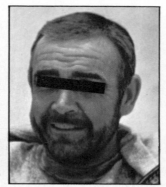
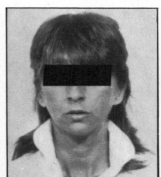
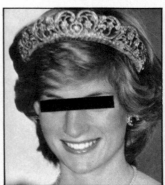

# 4. Ojo: ¿te acuerdas?

## 4.1. Expresión del tiempo.

| TIEMPOS DEL PASADO | TIEMPOS DEL PRESENTE |
|---|---|
| **Perfecto:** He + ⎡ −ADO<br>⎣ −IDO ⎤ ⎡ esta tarde<br>hoy<br>∅ ⎤ | **Presente:** Trabajo, -as, -a, ... |
| ¿Ha llegado Pepe? | Estoy + ⎡ -ANDO<br>⎣ -IENDO |
| **Indefinido:** Fui, estuve,... ⎡ ayer<br>el 15<br>el mes pasado<br>en 1954 ⎤ | Estoy comiendo |

**TIEMPOS DEL FUTURO**

**Presente:** voy, vas... + ⎡ mañana<br>el mes que viene<br>... ⎤

Mañana no hay clase

Voy + a + ⎡ -AR<br>-ER<br>-IR

Voy a salir de viaje

## 4.2. Otros valores

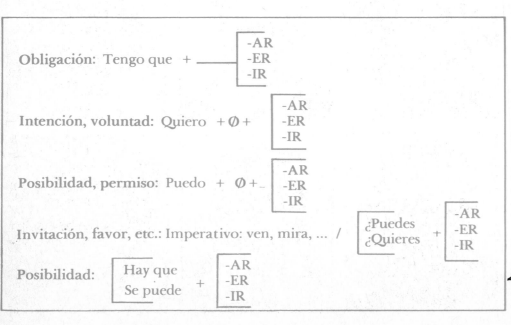

**Obligación:** Tengo que + ⎡ -AR<br>-ER<br>-IR

**Intención, voluntad:** Quiero + ∅ + ⎡ -AR<br>-ER<br>-IR

**Posibilidad, permiso:** Puedo + ∅ + ⎡ -AR<br>-ER<br>-IR

**Invitación, favor, etc.:** Imperativo: ven, mira, ... / ⎡ ¿Puedes<br>¿Quieres ⎤ + ⎡ -AR<br>-ER<br>-IR

**Posibilidad:** ⎡ Hay que<br>Se puede ⎤ + ⎡ -AR<br>-ER<br>-IR

NO PUEDO SALIR AHORA. TENGO QUE TRABAJAR. ¿QUIERES VENIR A COMER EL VIERNES?

## 4.3. Reacciona:

1. ● Hola, ¿qué hay?
   ○ _____

2. ● Éste es el Sr. López.
   Δ Mucho gusto, joven.
   ○ _____

3. ● ¿Por qué llevas un jersey de lana?
   ○ _____

4. ● No me gusta Picasso.
   ○ _____

5. ● Mi compañera está en el hospital.
   ○ _____

6. ● Adiós. Saludos a tu familia.
   ○ _____

7. ● Me han regalado un tocadiscos muy bueno.
   ○ _____

8. ● ¿Qué te parecen los padres de Carlos?
   ○ _____

9. ● ¿Vienes esta noche a casa?
   ○ _____

10. ● ¿Vas a ir a la fiesta de Rosa?
    ○ _____

11. ● Me parece muy caro este restaurante.
    ○ _____

12. ● Hasta la vista.
    ○ _____

13. ● ¿Por qué no has ido a clase esta mañana?
    ○ _____

14. ● ¿Cómo se escribe tu apellido?
    ○ _____

15. ● ¿De dónde eres?
    ○ _____

16. ● ¿Hay una farmacia cerca, por favor?
    ○ _____

17. ● El bolso ¿cómo lo quiere?
    ○ _____

18. ● ¿Quién es Luis?
    ○ _____

19. ● ¿Me dejas 30.000 pesetas?
    ○ _____

20. ● ¿Puede ayudarme, por favor?
    ○ _____

21. ● ¿No hay otra parada más cerca?
    ○ _____

22. ● ¿Puedo ayudarle?
    ○ _____

23. ● ¿Un poco de coñac?
    ○ _____

24. ● ¿Qué te pasa?
    ○ _____

25. ● ¿Maradona es español?
    ○ _____

## 4.4.

**Y ahora habla con el profesor y con tus compañeros:**

¿Te gusta venir a clase? ¿Por qué?

¿Son simpáticos Monika y Yasser? Hablan muy bien, ¿verdad?

¿Qué ejercicios te gustan más?

¿Qué opinas de España y de los españoles?

¿Has aprendido cosas interesantes?

¿Tienes que estudiar cosas que no te interesan?

¿Es muy difícil el español?

¿Qué es más difícil: hablarlo o entenderlo?

¿Qué lección te ha gustado más?

¿Cuál te parece más útil?

¿Cuál te ha parecido más aburrida?

# 5. Dale que dale

## 5.1.

**Completa según el modelo:**

- No me (GUSTAR) *gustan* los cuadros abstractos.
- *A mí* tampoco, pero éste me (GUSTAR) *gusta* mucho.

1. ● Me (GUSTAR) _____ mucho esta ópera.

   ○ _____ no. Me (GUSTAR) _____ más las italianas.

2. ● ¿Te (GUSTAR) _____ los caramelos de fresa?

   ○ No, _____ me (GUSTAR) _____ más los de menta.

3. ● ¿Qué te (PARECER) _____ estos zapatos?

   ○ No sé... _____ no me (GUSTAR) _____ mucho.

4. ● A Rafael no le (GUSTAR) _____ los bocadillos de jamón. ¿Y a su mujer?

   ○ _____ tampoco le (GUSTAR) _____

5. ● ¿A Paco y a ti os (gustar) _____ la Costa Brava?

   ○ Sí, _____ nos (gustar) _____ mucho.

## 5.2.

**Completa según el modelo:**

- ¿Me dejas tu saco de dormir?
- Sí, cóge *lo* _____

1. ● Tienes que llevarte la mochila.

   ○ Ya _____ he cogido.

2. ● ¿Tenéis las botas?

   ○ Creo que _____ ha cogido Pedro.

3. ● ¿Has cogido la tienda de campaña?

   ○ Sí, ya _____ he puesto en el coche.

4. ● ¿Tienes la radio?

   ○ Sí, _____ tengo en el coche, dentro de la mochila.

5. ● ¿Habéis cogido los platos y los cubiertos?

   ○ Sí, _____ tenemos aquí.

6. ● Acuérdate de coger el transistor.

   ○ Ya_____ he puesto en el bolsillo de la mochila.

7. ● Tengo que llenar la cantimplora.

   ○ No, que ya_____ he llenado yo.

## 5.3.

Forma cinco frases uniendo un elemento de cada columna:

| | | | | | |
|---|---|---|---|---|---|
| Ese | pintura | amarillas | es | aquí | Ø |
| El | cuadros | Ø | no me parecen | bastante | feo |
| La | quiosco | azul | está | muy | caras |
| Esos | bolso | moderna | me gusta | nada | Ø |
| Esas | camisas | Ø | creo que son | bonitos | mismo |

1._____

2._____

3._____

4._____

5._____

## 5.4.

Completa con los tiempos adecuados:

1. ○ ¿Por qué esta mañana (LEVANTARSE)_____ tan pronto Rafael?

   ● Porque (IR)_____ a buscar trabajo.

2. ○ Mañana (HABER)_____ un concierto ¿verdad?

   ● Sí, ¿(IR)_____ juntos tú y yo?

   ○ Vale, esta tarde (COMPRAR)_____ las entradas.

3. ○ ¿(ESTAR)_____ tu compañera en casa?

   ● Sí, en este momento (LEER)_____ el periódico en la sala.

4. ○ ¿Qué (DECIR)_____ la profe esta mañana?

   ● Nada nuevo. (VER, nosotros)_____ unas diapositivas.

5. ○ (TENER, yo)_____ hambre. ¿(TENER, tú) _____ un poco de pan?

   ● Sí, (MIRAR)_____ en la nevera.

6. ○ ¿Ayer (QUEDARSE, tú)_____ en casa?

   ● Sí, pero anteayer (ESTAR) _____ en casa de Ramón.

7. ○ Perdone, ¿(HABER)_____ **un estanco por aquí?**

   ● Sí, (GIRAR, usted)_____ la primera a la izquierda, luego

   (SEGUIR) _____ recto unos cien metros. Allí (ESTAR) _____ el estanco.

8. ○ ¿A qué hora (ACOSTARSE)_____ tu hijo mayor normalmente?

   ● A las 10 (CENAR) _____ y luego (ACOSTARSE) _____

9. ○ ¡Qué ruido! ¿Qué estáis haciendo?

   ● (OIR) _____ la radio.

10. ○ ¿Los señores Ramírez, por favor?

    ● Lo siento, en este momento (COMER) _____

## 5.5.

**Relaciona:**

● Se llama Antonio.                              ○ ¿De Berlín?

● No puedo ir al teatro.                         ○ ¿Te ha gustado?

● Este abrigo está muy bien.                     ○ ¿Aquí en la plaza?

● Voy a salir esta noche.                        ○ ¿Aquél?

● He ido al Museo de la Ciencia.                 ○ ¿Y qué te ha dicho?

● Es alemán.                                     ○ ¿Y cómo se llama de apellido?

● El bajito es mi primo.                         ○ ¿Cuánto vale?

● Mira esta postal. ¡Qué edificio más original!  ○ ¿Sabes dónde está?

● He hablado con Jorge.                          ○ ¿Con quién?

● La farmacia está muy cerca.                    ○ ¿Por qué? ¿qué te pasa?

# 6. Todo oídos

## 6.1.

Pon el número que corresponde a cada palabra:

hayas _____    Aragüés _____    abetos _____

Bisaurín _____    coche del hermano _____

## 6.2.

Contesta a estas preguntas:

# 7. Tal cual

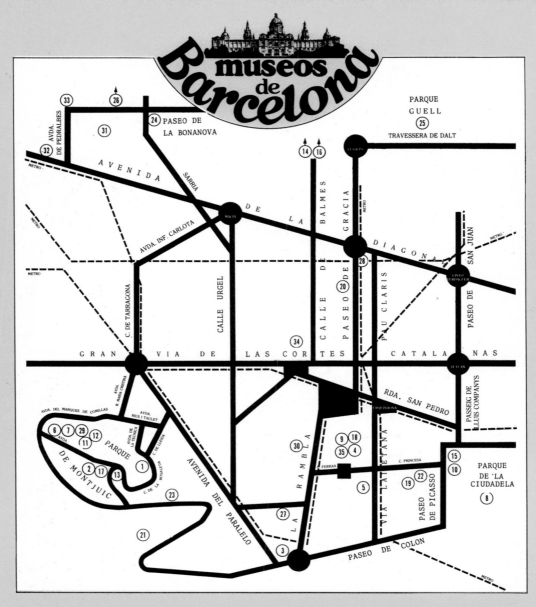

**museos de Barcelona**

¿**Qué crees que hay en cada museo?**

**Museo nacional, museo urbano**
1. Museo arqueológico.
2. Museo de Arte de Cataluña.
3. Museo marítimo.
4. Museo de Historia de la Ciudad.
6. Pueblo Español.
8. Museo de Arte Moderno.

**La Tierra, la Vida, los hombres**
10. Museo de Geología.
14. Museo de la Ciencia.
15. Museo de Zoología.

**Las colecciones**
17. Museo de Cerámica.
21. Museo Militar.

**Las artes y los artistas**
22. Museo Picasso.
23. Fundació Miró.
25. Museo Gaudi.
27. Museo del Teatro.
28. Museo de la Música.

**Colecciones en conventos, iglesias y palacios**
30. Palacio de la Virreina.
32. Museo del Palacio de Pedralbes y Museo de las carrozas.
33. Museo del Monasterio de Pedralbes.
35. Museo de la Catedral.

# 8. Allá tú

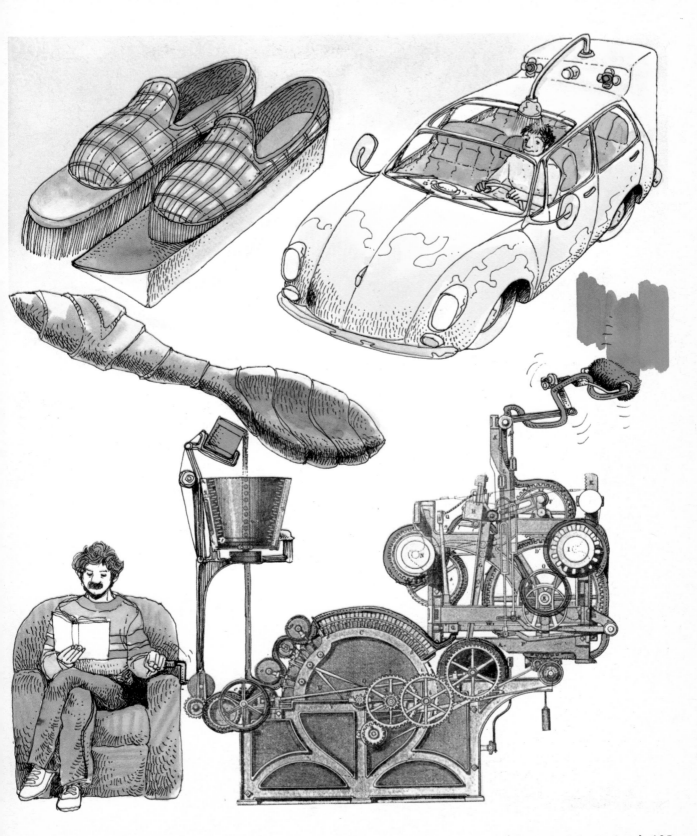

## Las Malvinas, un año después

GABRIEL GARCÍA MÁRQUEZ

...regre-
al tér-
su ma-
...Regi-
...uenos
...ación
...pañe-
...vía en
...según
...) años
...erna y
...e ade-
...e, feliz
...l vida,
...no se
...visión
...ept...
...el v...
...pa...
...va...
...a...
...le...

...mérica Latina
indigna...
que m...
...pectos
...otro l...
...ta ar...
...ven...
la id...
madre es a...
drama oculto de aqu...
absurda.
...se sabe que numerosos
...fueron

Darwin. La totalidad debió ser
internada en hospitales especia-
...rehabilitación para que sus
...raran del esta-
...pro-

...trastorno...
"Los chicos eran...
...los antes de mandar...
...na de las car-
...Los drogaban
...el chocolate y
...ones, para que
...re y se mantu-
...espiertos posi-
...frío a que fue-
...ra tan intenso
...eron dormidos.
...s más afortuna-
...os murieron de
...to de extraer la
...que se petrificaba

sibilidad de comer caliente.
Frente a condiciones tan de-
plorables e inhumanas, el enemi-
go inglés disponía de toda clase
de recursos modernos para la
...rra en el círculo polar. Mien-
...los argentinos

la bata
"Avan...
do", h
aquell...
"La ve
ban a n
sus cin
uno ca...
rara co
da la s...
cortaba
afronta
determ

## Acabar con el terror

México disuelve su Policía secreta, culpable de se...

**Interna...**

**Garci logró el primer 'oscar' de Hollywood para el cine español.** José Luis Garci obtuvo el *oscar* de la Academia de Hollywood por su película '...' vez que un filme español obtiene este galardón. El director e... comparte su satisfac...

## lustrísimas señoras

El cambio también llega a las mujeres. Para algun...

**cambio**

**ETA CARA Y CRUZ**

El ocaso de los Franco
Jomeini desafía al mundo · Los OVNIS, hobby del Rev...

# ÍNDICE

Claudia Castaño
Prof Español
~~46723~~23974
48435481